beck'sche reihe

b^{sr}

Als Vater Elternzeit zu nehmen ist eines der letzten Abenteuer überhaupt, stellte Hermann Ehmann fest, als er sich nach der Geburt seines Sohnes für drei Jahre vom Arbeitsplatz abmeldete und hoch motiviert, aber völlig ahnungslos in die faszinierende Anderswelt der Pasta-Bambini-Gläschen und Hightechwindelbomben eintauchte. In 25 Storys schildert er, was er als Y-Chromosomenträger unter lauter Müttern tagtäglich erlebte.

Ob milieugerechtes Probeschnuppern in der intimen PEKiP-Gruppe, Einkaufsparken auf abschleppgefährdeten Mutter- & Kind-Stellplätzen, Wickelsessions auf Möbelhaus-Damentoiletten, Turboschaukel-Contests an der Spielplatzaußenlinie, peinliche Passzwischenfälle an der Flughafenkontrolle oder «papa in concert»-Einlagen auf Kindergeburtstagen mit quietschig-quengeligen Background-Miezen – Alltag eines ganz normalen Elternzeit-Exoten.

Jede Menge lesenswerter Fakten und fundierte Gedanken zum Thema «Vatersein in unserer Gesellschaft» sowie zahlreiche nützliche Tipps für *Sie und Ihn* runden das Ganze ab und machen Lust auf eine wundervolle Auszeit der etwas anderen Art …

Dr. Hermann Ehmann (geb. 1964) war Gymnasiallehrer für Deutsch und Religion, schrieb für den *Münchner Merkur* und für die *Süddeutsche Zeitung* und ist Autor mehrerer Bücher. Am bekanntesten ist sein vierbändiges *Lexikon der Jugendsprache* bei C.H.Beck. Nach der Geburt seines Sohnes nahm er drei Jahre Elternzeit und lebt heute mit Frau und Kind in einem Münchner Vorort. Seit dem dritten Geburtstag seines Sohnes unterrichtet er wieder an einer höheren Schule.

Hermann Ehmann

Mein Leben als Mutti

Wahre Geschichten
eines Elternzeit-Papas

Verlag C. H. Beck

«Wenn man keinen guten Vater hat,
so soll man sich einen anschaffen.»

Friedrich Nietzsche

Originalausgabe

© Verlag C. H. Beck oHG, München 2009
Gesamtherstellung: Druckerei C. H. Beck, Nördlingen
Umschlagentwurf: malsyteufel, Willich
Umschlagbild: © Jussi Steudle
Printed in Germany
ISBN 978 3 406 59298 0

www.beck.de

Inhalt

Zitate, Zitate, Zitate – Papas ... einfach nur lächerliche Figuren

> «Väter sollte man weder sehen noch hören.
> Das ist die einzige geeignete Basis
> für ein gelingendes Familienleben.»
> *Oscar Wilde, Ein idealer*
> *Gatte, Akt 4/Lord Goring*

Den vollkommenen Mann gibt es – in Heiratsanzeigen. Papa perfect hingegen, jene neuzeitliche Sonderspezies des einstigen Säbelzahntigerbezwingers, muss erst noch geklont werden; das zumindest lässt ein Blick in die moderne Medienlandschaft vermuten. Würde ein Außerirdischer die folgenden Zitate lesen, so könnte er glauben, die modernen deutschen Erdenväter seien alle eine Ansammlung überflüssiger egoistischer, fauler Doofies, durch und durch lächerliche Gestalten, die zu nichts zu gebrauchen sind. Dümmliche Plagegeister, alberne Papiertiger, eine Art Versehen der Evolution.

Ein bunter Mix an Sprüchen, aufgeschnappt in meiner Umgebung und in diversen Massenmedien:

> «Wenn ein Kind krank ist, nimmt Mami sich besonders viel Zeit. Mami redet, spielt und hat viel Zeit ohne störendes Geschwistergeschrei oder permanent hungrige Väter.»
> *Süddeutsche Zeitung 22./23. Oktober 2005, Wochenendbeilage,*
> *Seite II*

> «Wer jemals erlebt hat, mit welch markerschütterndem Geschrei ein Kleinkind die Nachbarschaft terrorisiert, weil es einen Mücken-

stich am Fuß oder einen Kratzer an der Hand hat, der pflegt im Zweifel lieber erst mal den wehleidigen Vater dieses Kindes, um Ruhe reinzukriegen.»

Ebd.

«Was ist der Unterschied zwischen einem Papa und einem Esel? Es gibt keinen.»

Ausschnitt aus dem Clownprogramm
einer beliebten fahrenden Zirkustruppe

«Quengelnde Väter sind im Zweifel leichter zu ertragen als ihre quengelnden Söhne – erstere kann frau wegschicken, zweitere nicht.»

Katharina Saalfrank (= RTL-»Super-Nanni»)

«Da das Kleinkind eine spezielle Nahrung braucht, müssen Väter eben auch mal auf ihr gewohntes Abendessen verzichten.»

Ebd.

«Wenn ein Kind krank ist, braucht es seine Mutter. Väter sollten sich dann in ihren Forderungen ausnahmsweise mal etwas zurück-nehmen.»

Eine Kinderärztin bei einem VHS-Vortrag

«Wenn der weltbeste Papa krank ist, jammert er den ganzen Tag. Er ist schlimmer als ein Kind und ruft alle fünf Minuten nach Mama.»

René Goichoux / Thomas Baas, Der weltbeste Papa, 2009

«Papa hat zwei linke Hände. Er repariert nichts im Haus. Mit sei-nem Bohrer bohrt er nicht, mit seiner Schleifmaschine schleift er nicht, er besitzt nicht einmal eine Säge oder einen Hammer.»

Ebd.

«Das Baby wickeln, baden, trösten, schmusen und in den Schlaf wiegen, das kann prinzipiell auch der Papa schaffen – wenn's die Mama ihm zutraut.»

Baby-Walz-Versandhauskatalog 2005, Info-Extra, S. 5

«Und *Sie* machen derzeit *gar nichts?*»

Mein Finanzamt-Sachbearbeiter, als ich unsere Einkommensteuererklärung während der Elternzeit abgab

«Ein Baby kann nicht im Reisepass des Vaters eingetragen werden. Kinder verreisen ja nie ohne die Mutter. Unterwegs brauchen sie sie ja.»

Sachbearbeiterin im Passamt in meiner oberbayerischen Heimatgemeinde

«Es ist nicht üblich, dass ein Vater alleine mit Kleinkind ins Ausland verreist. Wir müssen die Mutter informieren.»

Polizist bei der Sicherheitskontrolle am Münchener Airport

«Heute kostenloser Eintritt für alle Muttis!»

Werbeplakat eines fahrenden Zirkus am Vatertag 2008

«Musikerziehung ist nach meiner Erfahrung Müttersache.»

Musiklehrerin beim Probeschnuppern zur musikalischen Früherziehung

«Aus Erfahrung weiß ich, dass es in Familien, wo der Vater tagsüber zu Hause ist, drunter und drüber geht. Kinder gehören zur Mutter. Das ist einfach so.»

Eine Grundschullehrerin

«Hier haben nur Mütter mit Kindern Zutritt – heißt ja auch Mutter-Kind-Gruppe. Väter sind nicht vorgesehen. Aber nehmen Sie es bitte nicht persönlich.»

Leiterin der Mutter-Kind-Gruppe an meinem Heimatort

«Lieber einen Vater, der räumlich nicht da ist, als einen, der jeden Tag da ist, aber auf dem Flur nur brummelnd an einem vorbeigeht.»

Mirjam Müntefering, über ihren Vater Franz Müntefering, aus:
Stern Nr. 22/2008 vom 21. Mai 2008, S. 161

«Wenn Mamis vor lauter Sorgen um das Wohl ihres frisch gebackenen Babys den morgendlichen Abschied kaum übers Herz bringen und ständig das Display ihres Mobiltelefons im Auge behalten, während die gänzlich unsensiblen Väter ungeduldig draußen im Auto warten, kann Red Chestnut (eine Bachblüte, Anm. d. Verf.) zu mehr Gelassenheit verhelfen.»

Ausschnitt aus einer Online-Baby-Plattform
für Bachblüten

«Väter sollten die Zweisamkeit beim Stillen nicht stören.»

Ausschnitt aus einem Entwicklungsratgeber

Glücklicherweise haben Väter von Mutter Natur breite Elefantenschultern mitbekommen, die gut was abkönnen. Die brauchen sie auch, wenn sie mit derartigen «Komplimenten» überhäuft werden. Allerdings: Mit aussitzen alleine kommt mann hier wohl nicht mehr weiter. Anpacken ist angesagt.

Laotse verglich Kinder einmal mit «lauten Glocken der Achtsamkeit», die uns daran erinnern sollen, dass das kostbarste Geschenk, das man ihnen machen könne, *unsere wirkliche Gegenwart* ist. Will in etwa heißen: Zu einem echten Papa wird mann nicht schon automatisch durch das bloße Hinzufügen einiger Spermatropfen beim Paarungsakt oder durch die Anwesenheit im Kreißsaal während der Geburt, mann muss seine Papa-Qualitäten vielmehr immer wieder unter teilweise extremen Bedingungen unter Beweis stellen, sprich: sich wenigstens gelegentlich als Nachwuchsbetreuer nützlich machen. Wer als Erzeuger dem Nestflüchter-Reflex widersteht und seine überschäumende Energie eher in die familiäre Nachwuchsarbeit investiert als in den Einspritzmotor seines fahrbaren Untersatzes, hat definitiv schon viel verstanden. Luschi-Papis sollten der Vergangenheit angehören.

Identitätskrise hin, Identitätskrise her – jahrhundertelang gewachsene biologisch-genetische Nachteile können von den genuinen (Mammut-)Jägern durchaus ausgeglichen werden: Kreativität, Tatkraft und strapazierfähige Lachmuskeln sind angesagt. Also nichts wie ran an den Babyspeck! Fasst sich herrlich knuddelig an … Plastikwindeln, Pastinakenpüree, Plüschaffen, Papas – passt perfekt zusammen.

München, im Frühsommer 2009

Erste Einblicke

Deutsche Männer präsentieren sich als Superväter – so lange sie noch keine sind. Laut einer Umfrage unter männlichen Singles würden 70 Prozent im Falle des Falles sofort Elternzeit in Anspruch nehmen (nach: «www.ElitePartner.de», die 2007 mehr als 10 000 Singles befragte). Angeblich findet sowieso nur noch ein Viertel aller Paare die klassische Rollenverteilung am besten. Die meisten verheirateten Männer und Frauen, nämlich 67 Prozent, würden ein Modell bevorzugen, bei dem beide berufstätig sind und sich *gleichermaßen* um die Kinder kümmern.

Und wirklich? *Noch nicht mal einer von 100* (genau: 0,8 Prozent) zuvor voll berufstätigen (!) Vätern verbrachte 2008 tatsächlich die vom Gesetzgeber großzügig festgelegten möglichen drei Jahre Elternzeit komplett mit seinem Kind (nach: Statistisches Bundesamt, Berlin). Immerhin stieg gegen Ende 2008 die Zahl berufstätiger Väter, die nach der Geburt ihres Kindes im Rahmen eines «Wickelvolontariats» (Guido Westerwelle) für mehrere Wochen bis zu drei Monaten zu Hause blieben, auf respektable 14 Prozent an, die meisten in Bayern und Berlin (nach: www.focus.de, 18. 12. 2008. Davon waren übrigens 10 Prozent Beamte bzw. Angehörige des Öffentlichen Dienstes, lediglich 4 Prozent aus der freien Wirtschaft). Sicherlich liegt der Grund hierfür bei der Einführung des eingeführten Elterngeldes. Ein Anfang, immerhin. Auch ein echter Trend?

Ganz anders die für ihre Lockerheit bekannten (und beneideten) Skandinavier: Jeder dritte Norweger verbringt nach der Geburt seines Kindes *mindestens* ein Jahr im trauten Heim, in Schweden sind es immerhin noch 29 Prozent; und fast jeder vierte Nordmann versorgt seinen Nachwuchs zwei Jahre oder länger. Das skandinavische Familienmodell wird oft als vorbildlich bezeichnet, weil die Gesellschaft voll akzeptiert, dass Väter sich bei der (früh)kindlichen Erziehung engagieren. Hier ist es z. B. selbstverständlich, dass Väter und Mütter ihre Besprechungen früher abbrechen müssen, um ihre Kinder von der Tagesstätte abzuholen oder dass Eltern mit ihren kranken Kindern zu Hause bleiben (2006 wurden 40 Prozent der Urlaubstage zur Pflege kranker Kinder von Vätern genommen, 60 Prozent von Müttern; zum Vergleich in Deutschland: 3 Prozent Väter, 97 Prozent Mütter)
(Quelle: Deutsch-schwedische Handelskammer, Das skandinavische Familienmodell als Vorbild für ganz Europa?, 2007).

Warum Väter normalerweise nicht in Elternzeit gehen

Für dieses Buch habe ich ca. 50 Väter persönlich bzw. via Internet befragt, weshalb sie *nicht* in Elternzeit gegangen sind. Das Ergebnis lässt sich nach der Häufigkeit der Nennungen in fünf Kategorien zusammenfassen:

1. Es ist hierzulande *völlig unüblich und gesellschaftlich nicht akzeptiert*; man will da nicht die einzige Ausnahme am Ort bzw. in der Firma bilden.
2. Der Vater hat einen besser bezahlten oder sichereren Arbeitsplatz als die Mutter.
3. Der Arbeitsplatz geht möglicherweise verloren. (Zwar gibt es anders lautende gesetzliche Regelungen, jedoch sei im gegenwärtigen Arbeitsalltag ein Vater, der monate- oder gar jahrelang weggeblieben ist, hinterher kaum mehr als ernst zu nehmender Kollege akzeptiert.)

4. Mann hat schlicht und einfach *keine Lust*, auf nasskalten Spielplätzen rumzuhängen oder auf nervigen Kindergeburtstagen den Clown zu spielen. Da ist der reguläre Job – wenn auch meist stressig – unter dem Strich dann doch erheblich spannender und die Assistentin erheblich attraktiver als irgendwelche Übermamis in der PEKiP-Gruppe.

5. *Die Partnerin will es nicht.* Und basta. Sie will sich selber kümmern, weil sie es besser kann. Oder im Umkehrschluss: Mann traut es sich letztlich doch nicht zu – allen guten Vorsätzen und vollmundigen Ankündigungen zum Trotz.

Diese Umfrage macht überdeutlich: Ohne die alt bewährte Küchen-Körperpflege-Kuschel-Mama läuft hierzulande auch zu Anfang des 21. Jahrhunderts noch immer so gut wie gar nichts. Mutti fügt sich in der Regel also weiterhin in ihre seit jeher angestammte Rolle. Was bleibt ihr übrig!?

Immerhin: In manchen deutschen Städten gibt es inzwischen vereinzelt viel versprechende Papa-Projekte: So hat sich im Herzen von Berlin – im Kinder- und Familienkiez Prenzlauer Berg – eine ganz besondere und weltweit einzigartige Institution etabliert: das Väterzentrum mit seinem Papaladen. Hier finden Events statt, werden Ausflüge, Reisen und andere Aktivitäten für Väter und ihre Kinder organisiert. Der Papaladen spricht mit seinen Angeboten das «Kind im Manne» an. Dabei ist es unwichtig, wie alt die Kinder sind, ob die Väter mit ihren Kindern zusammen leben, ob sie «nur» das Wochenende miteinander verbringen, ob es ihre leiblichen oder die Kinder der Partnerin sind: Im Papaladen können alle Väter zusammen mit ihren Kindern Spaß haben. Vater sein verbindet, Mütter herzlich willkommen!

Eberhard Schäfer, Leiter des Väterzentrums: «Viele fragen uns: ‹Carrera, Kicker und so weiter – das ist also vor allem ein Angebot für Väter und ihre Söhne?› Keineswegs! Denn ebenso gerne wie wir mit Rollenklischees spielen, widerlegen wir diese auch. Unser Laden begeistert Mädchen genauso wie Jungs. Und einen weiteren Vorteil bietet der Papaladen: Durch die Förderung von der Berliner Senatsverwaltung für Bildung, Wissenschaft und Forschung, sowie mit den Mitteln der Veolia-Stiftung und der Jugend- und Familienstiftung Berlin (jfsb) sind wir kein kommerzieller Anbieter, sondern können quasi zum Selbstkostenpreis unsere Angebote machen, bei denen niemand Vereinsmitglied werden muss» *(nach: www. mannege.de).*

Warum ich für drei Jahre in Elternzeit ging

> «Väter, die behaupten, sie seien die Herren
> im Haus, lügen auch bei anderer Gelegenheit.»
> *Marguerite Duras*

November 2004, Szene im Restaurant beim relaxten Candle-light-Dinner:
Meine Frau Liane und ich (wir waren zu dem Zeitpunkt bereits sechs Jahre kinderlos verheiratet!) hatten gut gegessen und warteten auf den Nachtisch. Wir überlegten, was wir mit dem Rest des Abends anfangen sollten. Da zauberte sie einen kleinen Schuhkarton aus ihrer Handtasche und hielt ihn mir mit den Worten «Mach doch mal auf!» herausfordernd unter die Nase. Nichts Schlimmes ahnend, öffnete ich etwas zögernd den Karton und fand … ein paar blaue Babyschühchen, dazu ein undeutliches Ultraschallbild, mit dem ich erst mal gar nichts anfangen konnte.
«Für wen sind die denn?», fragte ich völlig verdutzt. «Welche deiner Freundinnen bekommt denn jetzt schon wieder ein Baby?»
Im nächsten Moment fiel es mir wie Schuppen vor die Augen. «Oder … ist das etwa …? Moment mal, das … halt stopp, das gibt's doch nicht! Kann das denn überhaupt …? Also, das ist ja … ich weiß gar nicht, was ich sagen soll.»
Sie: «Freust du dich denn nicht?»
Ich, zögerlich: «Tja, äh, nun ja … doch, eigentlich schon …»
Sie: «Pass auf: Wir machen es so, dass du erst mal etwas Erziehungsurlaub nimmst und auf das Kleine aufpasst; ich hänge an den Mutterschutz meinen Jahresurlaub an und gehe dann direkt weiter zur Arbeit, klar!? Ich bin sicher, du wirst das alles

optimal managen, so klasse wie du es mit Kindern kannst. Schließlich bist du ja der geborene Pädagoge.»
«Momentchen mal …», versuchte der Gebauchpinselte zu protestieren. «Sowas muss man sehr gut überlegen. Außerdem heißt das gar nicht mehr Erziehungsurlaub, sondern neuerdings Elternzeit – aus gutem Grund.»
«Wortklaubereien. Gut, das wäre dann schon mal geklärt. – Kellner, den Nachtisch, bitte.»

Sicher nur eine vorübergehende Hormonlaune – dachte ich zunächst. In sieben Monaten konnte sich noch sooo viel ändern …

> «Varium et mutabile semper femina.»
> (= Die Frau ist immer anders und wechselhaft)
> *Mein alter Lateinlehrer*

Die Zeit zog ins Land, die Hormonlaune hielt an, sie verstärkte sich sogar noch … bis, ja bis es irgendwann zu realisieren galt, dass dieser «Urlaub» für mich faktisch gebucht war. Rücktrittsversicherung? Aber nicht doch. Das Geschick der Papa-Mutti in spe stand fest.

Ach, was soll's. Das Geheimnis des Lebensglücks liegt doch gerade darin verborgen, *gerne* das zu tun, was man sowieso tun muss. Oder wie Henry Ford sagte: «Glück ist das zu mögen, was man muss, und das zu dürfen, was man mag.» – Ja doch, das hat was.

Für mich bedeutete das, Fortunas Baby-Wink freudig anzuerkennen, dabei waren Babys für mich bisher immer nur winzige Schreiungeheuer gewesen, mit denen ich bitteschön nie Näheres zu tun haben wollte. Doch nach der Devise «Drei Jahre lang einen süßen Babyhintern zu pudern ist bestimmt viel angenehmer als an 1095 Tagen rund 1800 Schüleraufsätze von rund 7200 Seiten zu korrigieren (= Deutschlehrerschicksal)» sprach ich mir selber Mut zu. Ich würde das Kind – im wahrsten Wortsinne – schon schaukeln. *(Damals wusste ich natürlich noch nicht, was ich heute weiß und was Liane vermutlich schon von Anfang an wusste.)*

Aber um eines gleich klar zu stellen: Zu keinem Zeitpunkt ging es mir darum, «Germany's next top Papa» oder ähnliches zu werden. Ich hatte einfach nicht die geringste Vorstellung davon, was es heißt, dreimal in der Nacht aus dem Tiefschlaf gerissen zu werden, Milchfläschchen aufzuwärmen, danach nicht mehr in den Schlaf zu finden, schließlich tagsüber mit geröteten Augen vor sich hin zu dösen – und darüber altersweitsichtig zu werden. Das Schicksal findet eben immer seinen Weg bzw. jedes Fläschchen seinen Mixer. Oder wie man am Rhein (und neuerdings auch an der Isar) nicht nur am Rosenmontag lallt: «Et kütt, wie et kütt.» Das gilt besonders für den Karneval des Elternlebens, der einem permanentem Ausnahmezustand gleichkommt.

Zusammengefasst waren es im Wesentlichen drei Gründe, warum ich mich entschied, in Elternzeit zu gehen:

1. Von Babys wusste ich in etwa so viel wie von chinesischen Schriftzeichen. Doch drängte mich meine angeborene Neugierde, diese Lücke zu schließen. Und wer lässt sich nicht gerne mal uneigennütziglos anlächeln? Dass Babys das allenthalben tun (zumindest dann, wenn sie gut gelaunt sind), hatte ich gehört und wollte es jetzt selber ausprobieren. Hinzu kam, dass ich für mein Leben gerne Puzzle, Memory und Carrerabahn spiele und schon lange einen Tennispartner brauchte.

2. Nennen Sie mich einen Sozialromantiker, aber ich wollte mein Kind wirklich aufwachsen sehen und nicht zur Spezies der familyfernen Spätheimkomm-Papis gehören, die abends nach 300 bearbeiteten E-Mails todmüde im Fernsehsessel durchschnarchen, ihrem Nachwuchs nur am Wochenende zufällig am Frühstückstisch über den Weg laufen und sich wundern, wenn sie irgendwann rotzfrech angerülpst werden. Ich hielt es lieber mit dem altgriechischen Komödiendichter Euripides: *«Das Leben offenbart sich dem Mann an seinem Kinde»* (aus: Die Hilfeflehenden, 421 v. Chr.).

3. Der Hauptgrund war freilich ganz pragmatischer Natur: Liane war als Marketingleiterin in ihrer Firma unabkömmlich, womit sie das Schicksal vieler Väter teilte; ich hingegen als Lehrer war voll und ganz entbehrlich, ja austauschbar – was mir meine Schü-

ler schon im Vorfeld klipp und klar bestätigten. Was also lag näher, als mit schülerlichem Segen den Sprung ins lauwarme Babywannen-Wasser zu wagen?

Wie meine Freunde und Nachbarn reagierten

«Die Generation unserer Väter drückte durch Arbeit ihre Liebe aus, denn auf dieser Idee baute die Gesellschaft auf. Im 20. Jahrhundert schufteten Millionen von Männern sich frühzeitig ins Grab. Oft taten sie Arbeiten, die sie hassten. Stress und Unausgewogenheit dieses Lebensstils bewirkten, dass Männer am Ende des Jahrhunderts eine sieben Jahr kürzere Lebenserwartung besaßen ... Dass das Vatersein nicht immer so aussah, können wir uns schwer vorstellen, weil wir beim historischen Rückblick meist an die strengen Vaterfiguren in unseren Familienalben denken. Forscher wie Adrienne Burgess haben indes ermittelt, dass sich Väter in den vorindustriellen Gesellschaften und Jäger-und-Sammler-Kulturen, aktiv und engagiert an der Erziehung beteiligt haben. Vor zweihundert Jahren richteten Erziehungsratgeber sich an Väter und einst lastete man es den Vätern an, wenn Kinder sich ungut entwickelten. Vor Jahrhunderten wurde ein Drittel der Haushalte von allein stehenden Vätern geführt (weil viele Mütter wegen mangelnder ärztlicher Versorgung starben).»
Steve und Sharon Biddulph, Lieben, lachen und
erziehen, München 2002, S. 223

Arbeitslos? Oder nur arbeitsscheu? Auf jeden Fall aber doch fauler Haus-, Hof- und Herdclown?! Zumindest Pantoffeltiger ohne Biss oder Langeweiler ohne berufliches Standing!

Klar, dass ich als Daheimbleibe-Papi in meinem persönlichen Umfeld nicht nur Begeisterungsstürme zu erwarten hatte. Die Reaktionen von Freunden – Kollegen hatte ich erst mal gar nicht ins Bild gesetzt – reichten von grundsätzlicher Ablehnung («Unsinn, lass das sein!») und Verblüffung über ganz offen geäußerte Zweifel an der Richtigkeit der Entscheidung («Das ist doch Frauensache, nix für Männer, überleg's dir noch mal») bis hin zu – sehr selten und vorsichtig geäußertem – Verständnis («ein paar Monate wäre ja noch okay, aber gleich drei Jahre!?»).

Meine männlichen Nachbarn fielen aus allen Wolken, gaben mir noch mal («zum letzten Mal», wie sie sagten) einen aus und belächelten mich mitleidig. Allgemeiner Tenor: «Wir wussten ja schon immer, dass der Ehmann ein Fulltime-Schrulli ist. Aber dass er jetzt noch Mama spielen will, das schlägt dem Korken die Krone mitten ist Gesicht. Der hat sowas von 'ner Vollmeise unterm Pony. Wahrscheinlich will er demnächst sogar noch selber ein Kind kriegen.»[1]

Allen gemeinsam war, dass sie größte Bedenken äußerten, ob ich «dem ganzen Kinderthema» *auf Dauer* gewachsen sein würde. Um ganz offen zu sein: Ich war inzwischen auch alles andere als überzeugt davon, trotzdem mimte ich – erst recht – den Selbstsicheren. Was sonst? Klein beigeben? Never ever.

Allerlei «Vorfreuden» …

Ein unscheinbar-winziges, einem i-Tüpfelchen ähnelndes Kleinteil auf dem Ultraschallbild irgendwann im 6. Monat machte *es* deutlich: Wir (bzw. ich) würden es mit einem vorwitzigen «Er» zu tun bekommen, die Namensfrage «Simone oder Simon?» war damit klar zu Gunsten von Letzterem entschieden. Also wieder weg mit den bereits voreilig günstig erstandenen rosafarbenen Hütchen, Hemdchen und Höschen … der Second-Hand-Basar unserer Kirchengemeinde freute sich über die Neuspende, und ich ertappte mich bei einem leichten Triumphgefühl, dabei war es mir eigentlich immer gleichgültig gewesen, ob unter meinen Fittichen eine zukünftige Damenfußball-Nationalspielerin heranwuchs oder aber eine neue «Klinsmän-Ehmänn»-Ära eingeläutet werden würde. Während Liane eine komplette Babyfußballausstattung besorgte

---

[1] Der amerikanische Transsexuelle Thomas Beatie brachte im Juni 2008 als erster «Mann» der Welt eine Tochter zur Welt; einige Monate vor Redaktionsschluss dieses Buches wurde er zum zweiten Mal schwanger. *Eigentlich gar keine sooo schlechte Idee …*

(diesmal korrekt in blau), führte *mein* erster Weg mich in meinen Stammbuchladen, um sein erstes kleines Buch zu kaufen: «Schach für Kinder!» erschien mir als wichtigste Erstausrüstung für meinen zukünftigen Sport-, Denk- und Diskussionspartner.

Jetzt drängten sich allerlei Vorfragen auf: Wie würde der Stammhalter aussehen? Wem optisch gleichen? Wessen Charakterzüge widerspiegeln? Mann grübelte: Würde Mutter Natur ihm, dem wehrlosen Etwas, in einem Anfall von Übellaunigkeit meine markante Nase zumuten oder gnädigerweise das smarte Profil seiner Austrägerin schenken? Würde er die weißblonde Haarpracht seiner Gebärerin adaptieren!? Vielleicht könnte er ja wenigstens *meine* künstlerische Ader …?! Ach, egal. Hauptsache gesund!

Doch auch kritische Gedanken machten sich breit. Wenige Wochen vor dem geplanten Auswurftermin stieß ich in meinem Privatarchiv auf einen provokanten Zeitungsartikel:

«Während sich werdende Väter früher standesgemäß in der Kneipe betranken, kann es sich heute kein moderner Mann mehr leisten, seine Frau im Kreißsaal allein zu lassen. Es sei denn, ihm ist sowohl umgehende Trennung als auch soziale Ächtung egal. Also hockt der Vater von heute pflichtbeseelt aber planlos hinter seiner gebärenden Frau und atmet solidarisch in die Wehen hinein. Pfffffffffffff.

Der Horror fängt freilich schon vorher an. Im Schwangerschaftsvorbereitungskurs nämlich, der bevorzugt in abgedunkelten Räumen stattfindet und von Hebammen mit einer Vorliebe für Jean-Michel Jarres Klang-Oasen abgehalten wird. Hier darf sich paarweise auf bunten Gesundheitsbällen herumgewälzt und gruppendynamisch gegen die aufkommende Müdigkeit gekämpft werden. Spaß macht das nicht, beruhigt aber das Gewissen» (*Oliver Gehrs, Gynäkologie als neues Hobby, Berliner Zeitung, 14. 6. 1999, S. 8*).

So hatte ich das bisher nie gesehen. Schwarzmalerei? Oder hatte der Mann am Ende Recht? War ich blauäugig, gar naiv? Sollte, konnte ich doch noch zurück? – No way. Was (eh)mann einmal angefangen hat, zieht er durch. *Ich* jedenfalls würde definitiv als Erster Herrn Ehmann junior die Hand schütteln. Eine Frage der Ehre.

Unsanft aus meinen pränatalen «Urlaubsträumereien» riss mich auch die Atmosphäre im Wartezimmer unseres betreuenden Gynäkologen: bis an die Decke voll gestopft mit Heftchen, Prospektchen und Broschürchen über Kurse, Vorbeugedragees, Veranstaltungen etc. für die werdende Mutter *und* den werdenden Vater. Ich hatte aber nicht den geringsten Bock auf pulverisierten Schwarzkümmel-Pastinaken-Mix, esoterisch angehauchte Feldenkrais-Päpstinnen oder semiintellektuelle Meditationsgurus aus Hinterkirchdorf und weigerte mich demzufolge standhaft, wenigstens noch schnell einen Tragetuchkurs – wenn schon nicht den 12-Wochen-Grundkurs für Babyhomöopathie oder Babymassage – zu buchen. Die Einzige, die dafür volles Verständnis hatte, war Liane herself (ganz lieben Dank an dieser Stelle). Weitere Alternative wären gewesen: spirituell angehauchte Rückführungskurse (!) mit Sektengarantie, Paargrundkurse für Qi Gong, Eltern-Yoga samt Vertiefungs- und Auffrischungskursen, Paarbauchtanz, Hypnose, Körperselbsterfahrungsgruppen, Vor-Wehen-Akupunktur für Mami *und* (!?) Papi, orthomolekulare Substitution, Elternschule … und noch manches mehr. Dass diese Angebote ihren Preis hatten, versteht sich.

Ich blieb konsequent abwe(i)send und bekam zu spüren: Der Tanz ums Goldene Kind beginnt heutzutage schon sehr lange vor der Geburt. Wer nicht neun Monate lang mit ungebremster Begeisterung mitschwoft, zieht sich ruckzuck die Ächtung des gesamten Mittelstands-Mütterkartells zu. Liane und ich jedenfalls waren seit Jahren die einzigen «Patienten» unseres Gynäkologen, die sich jeglichem Prophylaxegekuschel verweigerten. Was mich wunderte, war, dass kein Kinderwagenführerschein-Kurs mit Treppenschlepp-Abschlussprüfung angeboten wurde. Insgeheim stellte ich mir aber doch die Frage, ob ich es mit meinen zwei handwerklich linken Händen wohl schaffen würde, die in zahllosen Einzelteilen angelieferte Babykutsche rechtzeitig TÜVgerecht zu montieren?

> «Ein richtiger Kerl kann alles. Wenn nicht, auch scheißegal.»
> *Oliver Pocher*

Zu meinen «Vorfreuden» gehörte es neuerdings auch, jeden zweiten Tag Päckchen von der Post abzuholen. Denn dutzende Versandhäuser für Babyutensilien entdeckten uns urplötzlich ganz zufällig als potenzielle Zielgruppe (wer von den heilkundigen Vertrauenspersonen oder deren Mittelsmenschen hatte da unsere Geheimadresse meistbietend verkauft?). Babyklamöttchen hier, Schnullerkettchen da, wir erstickten schon vorab in Katalogen, mit denen man problemlos ganze Kinderschlafsäle hätte auspflastern können. Dabei war das Baby noch gar nicht fertig gebacken. Bis dahin galt es noch etwas Unangenehmes zu erledigen: meinen Arbeitgeber informieren …

Antrag auf Elternzeit – mit Nachspiel

Ein flaues Gefühl wie vor meiner ersten Lehrprobe durchschauerte mich, als ich das entscheidende Schriftstück, adressiert an die Personalabteilung meines Privatschulträgers, in den Briefkasten gepfriemelt hatte. Dann kamen mir Zweifel: War das der angemessene Weg? Hätte ich nicht lieber das persönliche Gespräch wählen sollen, ja müssen? Feigheit siegt. So sehr ich mich mühte, den Umschlag nochmals rauszufischen, die Untiefe der gelben Postbox rückte nichts mehr raus. Point of no return.

«Hiermit beantrage ich Elternzeit ab Geburt bis zum dritten Geburtstag meines Kindes. Ein ärztliches Attest über den voraussichtlichen Geburtstermin liegt bei. Eine Teilzeitbeschäftigung möchte ich vorerst nicht ausüben.

Mit freundlichen Grüßen …»

Abschiedsworte müssen kurz sein. Wie Liebeserklärungen.

Meine Chefin tobte, als sie mich Tage später im hintersten Winkel des Lehrerzimmers aufspürte. Glückwunsch? Nö. Statt dessen ein Anpfiff der Extrasorte. *«Ich habe vierundzwanzig Frauen hier an meiner Schule sitzen, und von allen hätte ich erwartet, dass sie wegen eines Kindes zu Hause bleiben, aber doch nicht von Ihnen.»*

Natürlich, das war der klassische falsche Fuß – aber selber schuld. Hatte sie in der Vergangenheit nicht immer wieder über Lehrerinnen in Elternzeit abgelästert («Letzte Ausfahrt vor dem Job-Burnout» usw.) und so manche junge Mutter rausgemobbt? Daher hatte ich es ja gerade vorgezogen, sie über mein freudiges Ereignis nicht einzuweihen und erst kurzfristig schriftlich in Kenntnis zu setzen. Schließlich konnte bis zuletzt etwas passieren, wie hätte ich dann dagestanden?

Auch manche Kolleg/innen reagierten verschnupft, weil ich neun Monate lang den Geheimniskrämer gespielt hatte und jetzt – trari, trara! – mal eben schnell drei Jahre ausfallen würde. Für die tat es mir ehrlich leid. Doch dass ich keinen dicken Bauch hatte und man mir unsere Schwangerschaft nicht ansah, konnte nun wirklich nicht mein Problem sein.

Ein paar Wochen später wurde meine Chefin an eine andere Schule »weggelobt», sprich: degradiert. Die Verwaltung des Schulträgers vertrat die Ansicht, dass eine derart ahnungslos-bloßgestellte Schulmeisterin an der hoch sensiblen Eltern-Lehrer-Schüler-Schnittstelle untragbar sei. Somit hatte, wenn man es genau nimmt, ein wehrloses embryonales Gebilde eine respektable Pädagogin zu Fall gebracht. Nicht von schlechten Eltern, könnte man meinen. Stopp! Mir war die Sache im Nachhinein mehr als unangenehm. Aber die Maus biss da keinen Faden ab, die Bildungsexpertin war die längste Zeit eine A15-Stelleninhaberin gewesen. Auch mein förmlicher Einspruch riss da nichts mehr raus. Künstlerpech. Oder Nachtreten nach Beamtenart.

Doch *auch ich* sollte noch meine Lektion bekommen, dass Väter, speziell solche in ausgelobter Elternzeit, hierzulande nicht mit Glacéhandschuhen angefasst werden. Ziemlich niederkunftszeitgleich, also in einer Phase, als ich bereits besonderen Kündigungsschutz genoss, flatterte mir eine arbeitsrechtliche Abmahnung wegen «unentschuldigten Fehlens» auf den frisch gezimmerten Wickeltisch, weil ich angeblich versäumt hatte, mich wegen eines spontan notwendig gewordenen Zahnarztbesuches krank zu melden – die Retourkutsche des Arbeitgebers für mein Vorhaben, mehr als nur simpler Samenspender sein zu wollen. *Die* Peinlichkeit in Papierform (ein Brief errötet bekanntlich nicht), zum Glück fand meine (rechtzeitig abgeschickte) briefliche Krankmeldung dann doch noch ihren Weg durch die Münchener Schneckenpost und die

Verwaltung der Schule, so dass der Abmahnungsschrieb mit seinen diversen Rechtschreibfehlern sich schnell in Rauch auflöste.

Doch die Luft war raus und roch nach verschossenem Pulver: eine karrieregeknickte Schulleiterin, Kollegen mit erheblicher Mehrarbeit und ein Arbeitgeber, dessen Personalabteilung den Schwanz einziehen musste. Dazu ein verärgerter langjähriger Mitarbeiter mit dezidiert mütterlichen Ambitionen. War das alles noch real? Was hatte ich mit meinem Wickelzeitantrag denn da angerichtet?

Eine Kollegin, bekannt für ihre pointierte Ausdrucksweise, brachte es auf den Punkt: «Du bist eben *bloß* ein Vater.» Das traf es.

Ob die Zeit diese Wunden jemals wieder würde heilen können? Wie rasch ist Abschied genommen, wie lange dauert es bis zum Wiedersehen! Nun ja, ich konnte es erwarten, jetzt stand erst mal ein ausgedehnter Urlaub an: etwa 1100 schulfreie Tage lagen vor mir … *Jipüüüeeeh!!!!*

> «Die Arbeit wartet, während du
> dem Kind den Regenbogen zeigst.
> Aber der Regenbogen ist längst vergangen,
> bis du deine Arbeit beendet hast.»
> *Khalil Gibran*

Endlich Zeit für die wirklich wesentlichen Dinge des Lebens: Wohnung streichen, Teppiche verlegen, einkaufen, einkaufen … und nochmals einkaufen! Hätte ich gewusst, dass ein Baby nichts, aber auch gar nichts braucht außer elterlicher Liebe und ein bisschen Flüssignahrung zwischen die noch nicht vorhandenen Zähnchen, hätte ich mir so manchen Weg zum Baumarkt oder den Tagesausflug zum Baby-Outlet-Store gespart. Doch welche angehende Papa-Mutti will sich schon Vorwürfe machen (lassen) müssen?

... und eine Spontangeburt

Vorletzter Tag vor dem errechneten Geburtstermin: Der Doktor stocherte irgendwo in Lianes Geburtskanal herum, während er ein paar spitze Bemerkungen in meine Richtung machte («Soso, und Sie wollen also das Baby im Alleingang managen?» usw.), dabei erwischte er eine überpralle Arterie, so dass das Blut fontänenmäßig nach allen Seiten wegspritzte. Der künftige Babymanager saß hilflos gegenüber und konnte rein gar nichts tun, also entschied ich mich, rückwärts zu kollabieren, um das Schlimmste wenigstens nicht mitkriegen zu müssen. Jetzt hatte der Doktor eine bedrohliche Blutung zu stillen und anschließend noch mich zu reanimieren. Er schaffte beides in Rekordzeit. «Das habe ich in 20 Jahren noch nie gehabt», stammelte er halb entschuldigend, halb aufatmend, und wischte sich die Schweißperlen von der Stirn. Sein triumphaler Blick ließ offen, ob er die Blutung oder mich meinte. Die zweieinhalb Ehmanns schnauften durch. Doch nicht lange, unser bisher so beschauliches Leben nahm jetzt rapide an Fahrt auf ...

> «Während ich geboren wurde, war mein Vater irgendwo
> in Kanada beim Grizzlyjagen. ‹Allein›, fragte ich jedes Mal,
> wenn er die Geschichte erzählte. ‹Ja, klar›, sagte er dann,
> ‹Mama war ja im Krankenhaus.›»
> *aus: Jana Scheerer, Mein Vater, sein Schwein und ich, 2008*

Die Hebamme machte mir in einem dreiminütigen Blitzcrashkurs noch klar, dass Mama und Papa (!) während der Austreibsphase aktiv in die Wehen hineinzuatmen hätten, um sie halbwegs erträglich zu machen ... dann starteten wir auch schon durch in Richtung Gebärfabrik, um an diesem heißesten Tag des Jahres 2005 nur ja nichts Entscheidendes zu verpassen. Endlich: Zwölf lange Stunden später wurde es dem 3890-Gramm-Lebendgewicht mit seinen 56 Zentimetern zu eng in seinem Spanngehäuse, und es verließ laut Klinikbericht «spontan» (was im Klinikjargon heißt: ohne Saugglocke,

Zange und Kaiserschnitt) gerade noch rechtzeitig im Sternzeichen des Krebses die mütterliche Versorgungsstation, um sich vertrauensvoll in schweißnasse Papa-Hände zu begeben.

«Das Glück eines Mannes liegt hauptsächlich in seinen eigenen Händen», schrieb einst der kluge Francis Bacon. Das spürte ich jetzt ganz deutlich, auch wenn es ziemlich glitschig war, das Glück. Der Händedruck fiel aus, da ich Angst hatte, irgend etwas zu zerquetschen. Doch meine Befürchtungen waren unbegründet, der medizinische Erstlings-Check ergab die volle Punktezahl.

Ob spontan oder nicht: Der Erdenneuling mit der Identifikationsnummer 6 431 523 333 (ungefähre Schätzung der World-Wide-Web-Zählmaschine) quäkte vehement nach Zuwendung – zurückgeben oder umtauschen war da nicht mehr. Mit diesem herzzerreißend nach Zuwendung verlangenden Knuddelwesen samt seinen fünfeinhalb dunkelblonden Ringelhärchen würde ich mich also jetzt drei Jahre rumzuschlagen, pardon: konstruktiv zu beschäftigen, haben!? Unnötig zu sagen, dass ich vor Freude und väterlichem Stolz am liebsten jeden einzelnen Stern am klaren Nachthimmel geknutscht hätte.

«Frisch zur Tat, Papi. Gib voll Stoff!», schien der neue Erdenstern mir lautstark zuzufunkeln. Stoffwindeln waren nicht so mein Ding, lieber hielt ich mich an die besonders saugfähigen Hightech-Lappen aus der praktischen Platzsparbox. Nur: Wie legte man diese Dinger halbwegs korrekt an? Geräumig, weit oder eher eng? Und wie bzw. wo ließen sich eigentlich die beiden leicht angerauhten seitlichen Klebelaschen befestigen. Gottlob hatte die nasengepiercte Schwestern-Azubine mit dem weißgetünchten Irokesenschnitt mehr Ahnung und wies mich ein. Prima Klinikservice.

«Am Anfang schlafen sie noch viel», versuchte uns eine überaus besorgte Stationskinderpflegerin mit liebevoll-zärtlichem Blick auf das zappelnde Windelbündel zu beruhigen, ehe wir die Bettenburg hinter uns ließen. Da schätzte sie action-Simi freilich völlig verkehrt ein. Mag sein, dass andere Babys sich erst mal vom Geburtstrauma regenerieren und es vorziehen, wochenlang vor sich hinzudösen, um sich und andere zu schonen. Unsere Nachwuchshoffnung indes hielt seine Versorger vom ersten Tag bzw. von der ersten Nacht an auf Trab und gab speziell seinem Erzeuger damit schon mal einen

Vorgeschmack auf das, was mich in den nächsten 1095 Tagen (und darüber hinaus) erwarten würde ... Allerspätestens jetzt war überdeutlich, dass Sonne, Sand und Sangria abzuschreiben waren; dieser «Urlaub» hier war von einer anderen Qualität.

Das Credo des Job-ade-Hallo-Baby-Papas

> «Ein Mann ist reich im Verhältnis zur Zahl der Dinge,
> auf die er verzichten kann. Er hat alles und braucht nichts.»
> *Henry David Thoreau, Walden, 1846*

Wohlstandsflüchtlinge haben einen entspannten Blick auf die Dinge, sie haben leicht reden. Aber Babys flutschen nun mal ohne Gebrauchsanweisung auf die Welt und können ganz schön anstrengend sein. Tag und Nacht sind ihnen fremd, sie kennen nur den Hunger-, Schlaf- und Wachzustand. Zum Glück kann man geistig an seinen Aufgaben wachsen ... bei mir jedenfalls gab es diesbezüglich jede Menge Luft nach oben. Supercooler Supervater mit Superkonzept und Super-Equipment? – Pustekuchen!

Warum zum Kuckuck hatte ich bloß keinen einzigen dieser angebotenen supernützlichen Kurse besucht? Weshalb mich nicht vorher wenigstens ansatzweise schlau gemacht? In Sachen Babypflege reicht es einfach nicht aus, wenn man einen Klett- von einem Klickverschluss unterscheiden kann; vielmehr ist es von existenzieller Bedeutung für das kleine Lebewesen, dass die Trinkfläschchen stets keimfrei geputzt und exakt temperiert sind, Windeln korrekt anliegen und Ausscheidungsprozesse mittels Kamillepuder und/oder Panthenol-Creme eine lückenlose Nachbearbeitung erfahren.

Ich schaltete also ein paar Gänge hoch, agierte nach dem learning-by-doing-Prinzip und windelte mir die Finger knotig. Der Anfang war gemacht, wenngleich so manches erheblich ausbaufähig war. Doch sobald der Geist auf ein großes Ziel gerichtet ist, kommt ihm bekanntlich vieles entgegen. Und beginnt nicht der Weg zum Ziel just in dem Moment, wo man die hundertprozentige Verantwortung für sein Tun übernimmt? Die neue Aufgabe jedenfalls erschien mir so anspruchsvoll, dass ich sie unmöglich ablehnen konnte. *(Dabei tat es gut, mit Liane jemanden an meiner Seite zu wissen, die stets an mich glaubte und – im Gegensatz zu mir selber – restlos von dem überzeugt war, was ich tat oder ganz oft auch nicht tat. Stets versicherte sie mich ihres allergrößten Vertrauens in meine Fähigkeiten als Kind-, Haus- und Küchenmanager und überschätzte mich dabei in vielerlei Hinsicht maßlos.)*

Schon die ganz alltäglichen Herausforderungen wie (die richtigen) Trockenmilchpülverchen einkaufen, Babyhöschen wechseln und fachgerecht entsorgen, Schlaraffenschäfchenlieder trällern oder auch nur kleine Sticheleien unbeteiligter Dritter führten mich nach wenigen Wochen an meine ganz persönliche körperliche und mentale Belastungsgrenze heran – und darüber hinaus. Männer sind ja sooo sensibel.

Erst mal eine Runde joggen, das chillt down. ... «Wenn deine Absicht gut ist, kannst du sogar auf dem Meer laufen», hatte ich mal irgendwo gelesen. Fürs Erste tat es auch eine kleine Runde ums Maisfeld. Dann brach ich vor Erschöpfung im rosenbepflanzten Vorgarten zusammen.

Doch seltsam: Je prekärer mancher nächtliche Einsatz verlief, desto mehr Lust bekam ich auf kreativ-innovative Lösungsansätze: Schlafzeiten an den Babyrhythmus anpassen, Milch- und Teefläschchen am Gürtel festschnallen und – nicht zu vergessen – die praktischen kleinen bunten Dinger für die väterlichen Ohrmuscheln, wenn Liane «Nachtdienst» hatte. Klarer Fall, dass ich in der «Anderswelt» der Glucken und Glückchen mit so mancher unkonventionellen Idee etwas aneckte, doch ich konnte damit leben. Klassisches Gockelschicksal!

Möglichst überall Humor zeigen, für fast alles und vor allem für jedes weibliche Wesen Verständnis haben ... und dabei keine zweitklassige Mutti, sondern ein erstklassiger Papi sein!

So lautete ab sofort drei lange Jahre das selbst verordnete Credo bzw. das Überlebenskonzept des Job-ade-Hallo-Baby-Papas. Ob das durchzuhalten sein würde?

Mein Leben als Mutti –
Erfahrungen, Erlebnisse, Erkenntnisse

> «Kinder selber zu erziehen erscheint vielen als uncoole
> Zeitverschwendung. Dafür bezahlt einen ja keiner.
> ‹Was meinen Sie, was ich pro Stunde koste – da ist es doch
> unrentabel, wenn ich meine Kinder selbst erziehe!›
> So lautet die einfach Kosten-Nutzen-Rechnung des
> zweifachen Vaters und Controllers Bert Mannheim,
> achtunddreißig. Bert scherzt natürlich nur ...»
>
> *Stefan Bonner/Anne Weiss,*
> *Generation Doof, 2008, S. 300*

Na klar, Sie dürfen mich auslachen! Wirklich. Kein Problem. Wer sich auf etwas einlässt, was außerhalb der Reihe ist, sollte sich wenigstens gewissenhaft darauf vorbereiten, stimmt's? Meine Devise war jedoch schon immer trial and error. Also geschieht mir Ihre Schadenfreude ganz recht. Und wissen Sie was: Ich lache sogar mit! Mehr als einmal hatte ich in diesem Spezialurlaub, besonders im Kontakt mit Müttern, das seltsame Gefühl, im falschen Film zu sein. Halb amüsiert, halb verwundert fragte ich mich dann, wo denn hier wohl der Notausgang ist.

Doch es gab keinen, der Spielfilm meines Lebens nahm ungehindert seinen Lauf – retrospektiv betrachtet dann doch fast ein bisschen zu schnell.

Wichtig zu wissen ist: Alles hier Beschriebene ist absolut real und die reine Wahrheit, nichts als die Wahrheit, keine Story ist erdichtet. Übereinstimmungen mit Orten oder lebenden Personen sind somit keineswegs zufällig, sondern zwangsläufig. Selbstverständlich habe ich, wo erforderlich, Namen abgeändert, damit sich keine/r auf den großen (oder auch kleinen) Zeh getreten fühlen kann.

Ein Monat

Hoppla, die Ehmänner kommen!

Wie wohltuend ist es doch gelegentlich, anonym durch die Straßen seines Heimatortes zu schlendern, sich an einem ganz normalen Werktag während eines plötzlichen Anfalls von kreativem Nichtstun in die Wiese zu legen, den Schmetterlingen zuzuschauen – und dabei von niemandem erkannt zu werden. Das war *vor* Simis Geburt. Doch bekanntlich hat alles mal ein Ende.

Kaum hatte Maxicosi-Simi sein winziges Lager im sterilen Klinikrollbettchen gegen sein neues Domizil am Rande der bayerischen Landesmetropole eingetauscht, da waren Vater & Sohn in der 30 000-Einwohner-Gartenstadtsiedlung mit seiner extrem hohen Spielplatzdichte im Handumdrehen bekannt wie bunte Zwillingshunde. Jeder Schritt, den ich als Elternzeit-Exot machte, wurde von unserer Umwelt forthin aufmerksam beäugt.

Nun, schon rein optisch bildeten wir ein auffälliges Duo (dabei lief ich weder mit Moonboots durch die malerischen Gässchen unserer Gemeinde noch machte ich durch ein Gummibandpferdeschwänzchen von mir reden, wir verkörperten nur eben nicht den repräsentativen Gehsteigdurchschnitt). Was mich nach so manchen sonderbaren pränatalen Erfahrungen durchaus positiv überraschte: sich als männlicher Kinderwagen-Chauffeur in der Anderswelt der Spielplatzaufpasserinnen und Einkaufsmarktamazonen durchzuschlagen, ist im Prinzip *erst mal* gar nicht so schwierig, vorausgesetzt man verfügt über eine gewisse Anpassungsfähigkeit und stört sich nicht übermäßig daran, was frau hinterrücks tuschelt.

So weit, so auffällig. Im Übrigen wehrten wir uns auch nicht dagegen, wenn wir auf unseren anfänglichen Streifzügen durch herausragende Mutti-Domänen – Drogeriemärkte, Gemüsehallen, Discounter, Apotheken – bei der Suche nach der richtigen Milchpulversorte beinahe wie Promis behandelt wurden und uns an jeder

Ecke ein freundlich-hilfsbereites «Kann ich Ihnen irgendwie helfen?» entgegentönte. Egal wo wir auftauchten, stets zogen wir in unserem blassblauen Partnerlook-Outfit Aufmerksamkeit und Zeigefinger der Passantinnen schneller auf uns als so manch falsch geparkter Einkaufs-Smart auf dem Gehweg. Muttis unterbrachen ihre Schwätzchen und verfolgten mich mit ihren Blicken und mit weit geöffneten Schminkmündern.

Nun lässt sich ein nach allen Seiten schwenk- und fahrbarer Hartgummirad-Spezialkinderwagen, mit wertvoller Fracht beladen, leider deutlich schwieriger manövieren als ich es von meinem Superservo-Golf her jahrelang gewohnt war. Übermäßig ins Schwitzen kam ich trotzdem selten, dafür sorgten schon regelmäßige Rinnstein-Spritzattacken vorbeirasender Autos, die uns nach kräftigen Regengüssen immer wieder Gratisduschen zukommen ließen. Doch Ehmänner sind nicht aus Zucker – und darüber hinaus lernfähig.

Von routinierten Mamis guckte ich mir schnell ab, dass Kinderwagen sehr gut als Waffe eingesetzt werden können, beispielsweise wenn eine Gruppe Teenies mal wieder den Weg versperrte und nicht bereit war, ihr Gekicher kurz zu unterbrechen, um uns vorbeizulassen. Nach einem dezenten Touchdown mit dem Vorderrad unseres dreiräderigen Schmalreifen-Ferraris sprangen die Pennälerinnen behände zur Seite und gaben die Durchfahrt bis zum nächsten Hindernis frei – meist in Gestalt angriffslustiger Dackel; doch selbst deren krummes Geläuf reagierte erstaunlich flink auf unsanfte Schubser.

Nicht zu vergessen: Unser anfänglicher Sonderstatus brachte auch handfeste materielle Vorteile mit sich. So erhielten wir, insbesondere Windel-Simi, vom ersten Tag an auffällig viele Präsente – vielleicht aus Sympathie oder aber weil die Leute den Schiebevater besonders hilflos fanden!? Da versorgten uns in unserem Stammdiscounter Kassiererinnen mit Schnullermustern in allen möglichen Farben und Formen («morgen kriegen wir wieder neue rein»), später wanderten dann schon mal ganze Wiener Würstchen über den Tresen an der Fleischtheke, gefolgt von kompletten Brezeln beim Bäcker und gelegentlichen Gratis-Pizza-Stückchen oder Wundertüten in unserer Stamm-Steh-Pizzeria.

«Sind Sie denn allein erziehend?», war die Frage, die mir jetzt am häufigsten gestellt wurde – und das, obwohl wir keine Gelegenheit ausließen, die familiären Verhältnisse von vornherein klarzustellen und auf diese Weise so manchen geschickt getarnten Annäherungsangriff auf den vermeintlich Kontakt suchenden Papa elegant abzuwehren. Hauptperson Simi nahm die Entzückensrufe, die Huldigungen, die Geschenke jedenfalls mit der Nonchalance dessen entgegen, der weiß, warum dies geschieht und warum es geschehen musste.

Warum musste es geschehen? Weil er süß war (auch wenn ihm allenthalben ein strenger Geruch voraus- und nachging). Weil er kugelrund war, weil er Riesenkulleraugen hatte, weil er meistens ohne Beschützer-Mami unterwegs war …

✢

Apropos: Mama Liane zog bei samstäglichen Einkäufen, die sich für sie nicht immer vermeiden ließen (Papa & Sohn konnten nicht immer ausreichend Wochenendvorräte in der knappen Kinderwagen-Gepäckablage transportieren), klar den Kürzeren. Sie wurde von den Bediensteten regelmäßig zur Räson gerufen («Ach, *Sie* sind also Simons Mutter!») und mit Bemerkungen wie «Hallo Simon! Schön, dass die Mama auch mal ein paar Minuten Zeit für dich hat!» oder «Ist mit dem Papa auch alles in Ordnung?» mehr oder weniger vorwurfsvoll bedacht.

Auch im Bekanntheitsgrad rangierte Liane eindeutig hinter uns: Bei gemeinsamen Sonntagsspaziergängen scholl Simi und mir an jeder Ecke ein «Hallo» entgegen, während *sie* – sei es aus spezifisch-weiblicher Verachtung für die Wochenend-Rabenmutti oder wegen tatsächlicher Nichtwahrnehmung – von anderen Müttern kaum eines Blickes gewürdigt wurde. An allen Ecken bekamen wir zu spüren, dass wir irgendwie *anders* waren. Exoten eben. Alle drei.

Zwei Monate

**Weshalb Babys (nicht automatisch) in den Pass
der Mutter gehören**

Urlaubs-Nachsaison! Nichts wie weg. Algarve? Costa Blanca? Grie-
chische Inseln? Ganz egal, nur raus aus dem alljährlichen deutschen
September-Dauerregen.

Mit Baby? Aber sicher doch. Einem Säugling ist es vermutlich
ziemlich egal, an welchem Punkt der Weltkarte er nachts um drei
seinen wohltemperierten Frischmilchtrunk einnehmen darf. Also
buchten Liane und ich kurzentschlossen Simis allererste Flugreise.
Während wir im Reisebüro die Kataloge wälzten, schrie er sich auf
meinem Schoß schon mal warm – Vorfreude pur! – und ver-
scheuchte so mehrere potenzielle Buchungsinteressenten. Der jungen Verkehrskauffrau zitterten die Hände, als sie uns die Tickets
ausstellte. «Na dann, viel Spaß», sagte sie zum Schluss. War das ironisch gemeint? Wie auch immer, solche Kunden hatte sie sicher
nicht alle Tage.

Nun ist es so, dass man ein Baby natürlich nicht in der Wickeltasche über die Grenze schmuggeln kann, sondern auch für die
Kleinsten der Kleinen – mit gutem Recht – einen papierernen Da-
seinsnachweis vorzulegen hat. Unsere Recherchen ergaben, dass ein
entsprechender Geburts-Eintrag «im Ausweis der Mutter» für den
Grenzübertritt innerhalb der EU ausreichend sei (seit 1. November
2007 ist für Neugeborene ein elektronisch lesbarer Kinderpass
erforderlich!). Da jedoch voraussichtlich ich die meiste Zeit mit
Simon verbringen und wir vielleicht auch mal einen Männertrip
unternehmen würden, wollten wir ihn nicht in Lianes Pass, sondern
in *meinem* Reisepass eintragen lassen. Ein Vater ist schließlich immer auch ein bisschen Mutter (manchmal sogar ein bisschen mehr).

Mit den entsprechenden Nachweispapieren wurde Kinderwagen-Simi mit seinem Schiebe-Daddy beim Passamt vorstellig. Die

sichtlich irritierte Sachbearbeiterin zierte sich: «Das hatten wir noch nie, dass das Kind im Reisepass des Vaters eingetragen werden soll. Das geht nicht.» Man hörte den weißblauen Amtsschimmel förmlich aus dem Schreibtisch wiehern. «Außerdem: Wollen Sie mit dem Säugling im Ernst ins Ausland?»

«Stuten wiehern mitunter erheblich lauter als Hengste.»
www.das-tierlexikon.de

Da meldete sich Zehn-Punkte-Simi aus seinem Schutzgefährt heraus empört zu Wort – schließlich ging es ja um ihn. Zuerst räuspernd wie einer, der sich die Worte zurecht legen muss, dann in anschwellendem Crescendo, schließlich in verzerrtem Fortissimo. Sein fanfarenartiges Brüllen riss das ganze Rathaus aus dem frühherbstlichen Verwaltungstiefschlaf und klang wie eine zu allem entschlossene «Das wollen wir doch mal sehen, ob das nicht geht»-Kampfansage, adressiert an die Sachbearbeiterin, die sich verlegen abwandte und ihren Kolleginnen einen Hilfe suchenden Blick zuwarf.

Jetzt musste es schnell gehen, wenn nicht in Kürze der Lärmmelder anspringen und die freiwillige Feuerwehr des gesamten Landkreises alarmiert werden sollte. Geduld zählte von Anfang an nicht zu Simis Stärken, da war er ganz seines Vaters Sohn. In der übervollen Wickeltasche kramte ich nervös nach dem Milchfläschchen und wurde sogar rasch fündig. Leider war fast alles ausgelaufen, weil ich den Sauger nicht fest genug zugedreht hatte (hier bestand für den Hobbyschrauber noch Verbesserungsbedarf). Gierig umschlang er den Silikonpfropf mit vollen Lippen und saugte selig, was das Gefäß noch hergab (er verschluckte sich dabei mehrfach), die Ausweisfrage war ihm in diesem Moment auch schon wieder egal.

Mir aber nicht. Ich hakte nach, die Schalterdame blickte Simi in seinem gelben Bärchenstrampler jetzt verzückt an – ganz offensichtlich war sie selbst Mutter – und erklärte versöhnlich: «Bitte nicht persönlich nehmen, aber Kleinkinder verreisen normalerweise nie ohne die Mutter und brauchen diese unterwegs ja auch. Deshalb können wir es nicht machen ... auch von wegen Kindesentführung und so, Sie verstehen schon!?» Wieher, wieher.

Ich verstand gar nichts. Was soll man von einem Mann auch erwarten! «Ach, kommen Sie. Sehe ich wirklich so aus, als ob ich ...? Und überhaupt: Wieso braucht das Kind unterwegs denn seine Mutter? Die Milchfläschchen kann doch genauso gut ich verabreichen, oder etwa nicht?» – Fragen eines Unerfahrenen und Unwissenden.

«Also, selbst wenn ich wollte, ich kann da wirklich gar nichts machen ...» Vermeintlich bedauernd hob sie Hände und wandte sich wieder geschäftig ihrem Bildschirm zu (sie hatte die Website eines großen Online-Bekleidungshauses aufgeschlagen).

Mir platzte der Kragen. «Wann hat unser Ortsobervorsteher seine nächste Bürgersprechstunde?», fragte ich verärgert über den Tresen. Noch vor wenigen Wochen hatte mir der Bürgerpatriarch per Landesvaterfarben-Umschlag zur Vaterschaft gratuliert und treffend formuliert: «Das Wichtigste, was Sie als Vater Ihrem Kind schenken können, ist Ihre Zeit.» Na also. Sollte er mir das bitte von Vater zu Vater (er hat selbst drei Söhne) erklären, vielleicht bei einem Brezn-Weißbier-Frühstück, wie in unseren Breiten so üblich ...

Am nächsten Morgen kam dem Grundsatzgespräch ein freundlicher Anruf der Passamtsleiterin zuvor: Es sei zwar grundsätzlich nicht üblich, jedoch könne man nach diversen Rücksprachen in meinem Fall eine Ausnahme machen, da ich mich ja «als Papa-Mutti», wie sie scherzhaft sagte, in Elternzeit befände. Tags darauf war der Verwaltungsakt vollzogen und ich hatte den entsprechenden Stempel in meinem Reisepass. Also, geht doch.

⁂

Die Begründung erstaunte mich sehr. War ich die erste Männer-Mutti, den dieses Amt je gesehen hatte? Und deshalb per se eine so exotische Ausnahme? Und warum bedurfte es speziell der Begründung «Elternzeit» für die Eintragung im Pass? Hätte hierfür das bloße Vater-Sein nicht ausgereicht?

Schwamm drüber. Der Stempel war drin. Für den Moment war alles ok ... wenn man mal von Simis aktuellem Windelzustand absah: Nase zuhalten half da nicht mehr. Laut meiner Strichstatistik stand jetzt der 250. Windeleinsatz seit Bestehen des neuen Erdlings unmittelbar bevor. Nettes Jubiläum, oder?

> «Männer haben die Hosen oft genau so voll wie kleine Jungs.
> Und stinken tun sie auch oft.»
> *Regina Halmich, Box-Weltweisterin*

Nach vollbrachter Tat und nachdem ich das geruchsintensive Plastikpaket entsorgt hatte, knipste ich die Tiger- & Bär-Lampe im Kinderzimmer aus. Simi schlief zur Abwechslung mal schnell ein und ich widmete mich dem Spezialreiseführer «Verreisen mit Kleinkind». Kaum hatte ich ein paar Seiten geblättert, da fuhr ich durch ein lautes Kinderzimmerkreischen aus meinen vorgezogenen Südseeträumen. Allerdings dauerte das Aufbäumen diesmal nur wenige Sekunden, dann breitete sich eine Oase der Stille wie ein sanfter Teppich über das ganze Haus aus. Puuuhh! Nochmal Glück gehabt. Durchatmen. Ein schlafendes Baby ist schon eine wundervolle Sache.

Übrigens: Die Urlaubsreise – wir hatten uns für Albufeira an der portugiesischen Algarveküste entschieden – war großartig. Manche junge Eltern schrecken angesichts gewisser Horrormeldungen bekanntlich davor zurück, mit einem Baby ins Ausland zu jetten. Von wegen Druckbelastung im Flugzeug, Virusgefahr in Hotelzimmern, ungenügender medizinischer Versorgung …

Vergessen Sie's: Es gibt nichts Schöneres, als mit Klein(st)kind zu verreisen und unter fremder Sonne bzw. schattigen Palmen zu relaxen (natürlich vorausgesetzt, dass das Kind gesund ist). Für die drei Ehmanns jedenfalls war der Tapetenwechsel nach den stressigen letzten Monaten eine höchst angenehme Erfahrung. Anstrengungsfaktor gleich null, optimal zum Downcoolen, Simi wurde nachts nur ein einziges Mal wach. Gerne jederzeit wieder (Auslandskrankenversicherung nicht vergessen, für alle Fälle!).

Drei Monate

Die Polizeikontrolle, oder: «Ist das Ihr Kind?»

Zurück in der Heimat. Der Elternzeit-Alltag hatte uns wieder.

Vorstadt-Verkehrskontrolle, im Polizeijargon «Mausefalle»! Keine 200 Meter von unserem Haus entfernt. Simi und ich waren ausnahmsweise mit der motorisierten Familienkutsche einkaufen gewesen, da das Hartgummi-Vorderrad unserer Kinderfahrschüssel ein Ei hatte und wir fieberhaft auf Ersatz warteten. Wir wurden rausgewunken. Natürlich.

«Papiere und Führerschein, bitte!»

‹Super!›, dachte ich mir. Irgendwie ist Kontrolle immer unangenehm – am Flughafen, in der S-Bahn, vom Finanzamt, von der Ehefrau, von der Polizei erst recht. Hoffentlich hatte sich Simi nicht abgeschnallt!

«Was habe ich denn falsch gemacht?», wollte ich kleinlaut wissen.

«Ihre Papiere!», kam es platt zurück. O Schreck! Die hatte ich nicht dabei, zum Einkaufen nehme ich die normalerweise nie mit. Sie doch sicher immer, oder?

Der eine der beiden Polizeibeamten stiefelte flinken Schrittes zum Streifenwagen, um willi-wichtigmäßig mein Nummernschild abzufragen. Der andere inspizierte mit Kennermiene das Wageninnere – und entdeckte Simon, der sein grünes Stoffkrokodilbaby umklammert hielt.

«Ist das *Ihr* Kind?», fragte Adlerauge.

Für einen Moment verschlug es mir die Sprache. Ich pflege keine Säuglinge anderer Leute in meinem Auto spazieren zu fahren. Was hätten Sie an meiner Stelle gesagt?

«Das müssen Sie schon meine Frau fragen», gab ich flockig zurück, und spürte schon, dass ich das *so* besser für mich behalten hätte. Wie heißt es so schön: «Am Wort erkennt man den Toren wie den Esel an den Ohren.» Der Unterschied zwischen dem *richtigen* Wort und dem *beinahe richtigen* ist in etwa derselbe Unterschied wie zwischen dem Blitz und einem Glühwürmchen.

«Alles, was du als Mann, besonders als Vater, sagst, sollte wahr sein. Aber nicht alles, was wahr ist, solltest du auch sagen.»

Voltaire

«Handbremse an! Aussteigen! Zündschlüssel stecken lassen!»

O Mann! Die beiden Beamten hatten an diesem goldenen Herbstmorgen offenbar überhaupt keinen Sinn für Humor.

Der Polizist vom Streifenwagen kam zurück und nickte seinem Kollegen vielsagend zu. – Beamten-Zeichensprache?!

«Kofferraum aufmachen!»

Nichts drin als ein zusammengeklapptes Kinderwagen-Fragment (exklusive Vorderrad) sowie frische Einkäufe … und eine frisch verseuchte Windel, die ich vor wenigen Minuten zwischen Reserverad und Verbandskasten gewechselt hatte. Schnupperprobe seitens der Beamten. Na, immerhin schienen die Ordnungshüter jetzt halbwegs befriedigt.

«Ist das Kind ordentlich festgemacht?»

«Überzeugen Sie sich!» Der Mann mit der grünen Jacke prüfte akribisch. Keine Beanstandung. Alles im grünen Bereich, sozusagen.

«Wo ist die Mutter?»

«Im Büro.»

«Wo genau?»

Ich nannte die Firma meiner Frau samt Adresse, verhaspelte mich jedoch aus Nervosität mehrfach.

«Haben Sie getrunken?»

Wie bitte? Ich verneinte und überlegte fieberhaft, wer in meinem Bekanntenkreis vielleicht einen guten Verkehrsanwalt kannte. Für alle Fälle.

«Gegen Sie liegt nichts vor. Aber auffällig ist es schon, dass Sie tagsüber mit dem Kind alleine unterwegs sind. Wo wohnen Sie?»

Auffällig! So nennt man das also, wenn ein Vater sich an einem ganz normalen Werktag um sein Baby kümmert. Ich beschrieb den Weg zu meinem Haus.

«Holen Sie Ihren Ausweis! Wir fahren hinterher.»

Und Simon? Der, damals knapp vier Monate alt, fand das Ganze im Gegensatz zu mir zum Quieken und feixte ununterbrochen! Die ganze Zeit grinste er sich unverschämt einen ab und versuchte mit den ernst dreinblickenden Männern mit den lustigen Mützen zu schäkern – freilich vergebens. (Seither hat er einen richtigen Polizei-Tick. Wir besitzen inzwischen zehn Polizei-Modell-Autos, vier verschiedene Verkehrs-Kellen etc. …)

*

200 Meter weiter scheiterte ich zunächst beim Versuch, meine eigene Haustür aufzuschließen, weil mir die Finger zitterten. Man wird schließlich nicht jeden Tag unter Polizeischutz nach Hause geleitet. Damit machte ich mich natürlich zusätzlich verdächtig. Ich betete, dass die Nachbarinnen nicht ausgerechnet jetzt in Richtung Straße aus dem Fenster schauten. Nachdem ich die Tür schließlich doch aufgekriegt hatte, musste ich feststellen, dass die Papiere nicht an der üblichen Stelle zu finden waren. Zwischenzeitlich verspürte Simon ein leichtes Hungergefühl (hier wiederum ist *er* komplett spaßfrei!) und setzte mit seiner Ich-habe-Angst-zu-verhungern-Sirene den Hausflur und die komplette Nachbarschaft unter laute Beschallung. Stress pur für den Führerscheinsucher.

Bei einem flüchtigen Blick auf die beiden wartenden Beamten hatte ich den Eindruck, dass sie trotz (professionell zur Schau getragener?) vollkommener Ernsthaftigkeit ein Lachen unterdrückten. Auch meinte ich eine Spur von Mitleid für den Geschlechtsgenossen in ihren Gesichtszügen lesen zu können. Das gab mir Mut für die weitere Suche, und schließlich fand ich die Papiere an einem Ort, wo sie nur die Frau meines Lebens hingelegt haben konnte – im Klaviersitz! –, und überreichte sie triumphierend den wartenden Ordnungshütern. Sie riskierten nur einen flüchtigen Blick und sahen zu, dass sie Land gewannen. Sirenen hören sie sonst ja ohnehin zur Genüge.

In den folgenden zweieinhalb Jahren wurden wir routinemäßig noch viermal kontrolliert (meine Papiere führte ich jetzt immer mit, Beanstandungen gab es keine mehr); früher als Solo-Fahrer war ich in zwanzig Jahren gerade zweimal rausgewunken worden, dabei hatte ich meinen Fahrstil nicht geändert. Zufall?

Vier Monate

Die Rentenversicherung glaubt's einfach nicht

Kennen Sie das? Sie haben Post vom Finanzamt oder Ihrer Rentenversicherung bekommen und fragen sich nach Lektüre des engzeilig bedruckten doppelseitigen Schreibens verwundert: Was wollen diese schreibfreudigen Menschen mit ihren wulstigen Nominalphrasen eigentlich von mir?

Die Sachbearbeiterin der deutschen Rentenversicherungsanstalt formulierte betont höflich. Dennoch ließ sie zwischen den Zeilen auch für jemanden wie mich, der keine Beamtenbuchstaben-Exegese zu betreiben gewohnt ist, durchblicken, dass es über ihre Vorstellungskraft ging: ein Elternpaar, das nicht *ihr*, sondern *ihm* die Erziehungszeiten rentenrechtlich anrechnen lassen will – das konnte, das durfte nicht sein. Vermutlich glaubte sie, ich hätte Liane mit einer Pumpgun so lange unter Druck gesetzt, bis sie bereit war, auf dieses angestammte Gebärerinnen-Privileg zu verzichten. Wer weiß denn, was in deutschen Wohnzimmern so alles abgeht!? Dass *sie* jedoch permanent Rentenbeiträge einzahlte, während *er* sich ausschließlich dem zukünftigen Rentenzahler widmete, ignorierte die Versicherungsdame geflissentlich. Männliche Erziehungszeiten? Erstmal nicht vorgesehen. Schon gar nicht bei der deutschen Rentenversicherungsanstalt. Punkt. – Stopp: Einspruch!

Kurz für alle, die kein Rentenversicherungsrecht studiert haben: Die Meldebehörden zeigen die Geburt eines jeden Kindes dem Rentenversicherungsträger *der Mutter* an; diese Zeiten werden automatisch der Mutter angerechnet – außer wenn eine andere übereinstimmende Erklärung abgegeben wird. Haben die Eltern das Kind gemeinsam erzogen, so können sie durch eine übereinstimmende Erklärung festlegen, bei wem die Kindererziehungszeit angerechnet werden soll. Sollen die Erziehungszeiten dem Vater übertragen werden, so muss die übereinstimmende Erklärung in dreifacher (!) Ausfertigung unverzüglich beim Rentenversicherungsträger abgegeben werden. Eine Übertragung auf den Vater ist jedoch nur maximal für zwei Monate rückwirkend möglich. Über die Kindererziehungszeit hinausgehende Zeiten der Erziehung bis zum 10. Geburtstag eines Kindes sind so genannte Berücksichtigungszeiten. Damit diese dem Vater gutgeschrieben werden können, ist ein erneuter entsprechender Antrag beim Rentenversicherungsträger erforderlich. – Hätten Sie's gewusst?

Her mit dem prächtigen Formularpaket! Gut, dass ich mich jahrelang mit Hanteltraining für diesen Moment fit gehalten hatte. Die alles entscheidenden Schriftstücke «für den Vollzug dieses Verwaltungsaktes» mit den Nummern V 800, V 810 und V 820, V 822, V 823, V 827 (so in der Art) reichten Liane und ich fristgerecht ein. Die Sache schien gelaufen, was sollte jetzt noch passieren? Zeit für einen guten Rotwein, den ersten seit vier Monaten.

Zu früh gefreut! Als leidenschaftlicher Sparfuchs hatte ich mir den Einschreibe-Rückschein geschenkt. Doch wer knausert, den bestraft die BfA.

«Nix angekommen. Muss wohl irgendwie durchgerutscht sein», so die lapidare telefonische Auskunft auf meine Nachfrage nach fünfeinhalb Monaten.

Insgesamt fünf Mal durfte ich in den darauf folgenden drei Jahren noch nachreichen – gute Gründe gab es immer: «Übereinstimmungserklärung nicht auffindbar», «Unterschrift unleserlich», «inhaltlich nicht nachvollziehbar» oder – sprachliche Abwechslung erfreut! – «faktisch unplausibel». So die offiziellen Begründungen für noch mehr Papierkrieg, in dessen Verlauf immer neue Formulargeschütze aufgefahren und meterhohe Aktenberge aufgetürmt wurden.

Noch bemerkenswert: Die sächselnden Azubinen im Callcenter gaben sich bei fernmündlichen Nachfragen alle Mühe, stocherten aber im Dunkeln: «Wie wor nöch möl der ganze Sachvörhalt? Ööööh … Blausibilidätsprüfung … hmmm. Oisorst ungewöhnlich, dass die Örzühungszeydn dem Vodr zügörechnet wördn solln …» Pause. «Mömentchen, konn ich Sü mo öbn woido reychn?»

Warteschleifenmusik. Vivaldis *Vier Jahreszeiten* quälten sich als digitale Achtel-Piepstöne in mein Innenohr. Knacken in der Leitung. «Hallo, hallo …?» Erneut das Frühlingsmotiv. War man hier der Jahreszeit bereits voraus? Oder hatte man nur vergessen, rechtzeitig auf das Herbstmotiv (wir hatten inzwischen November) zu wechseln?

Erneutes Knacken. Sechs Minuten später hatte ich die nächste Gesprächspartnerin (diesmal sogar eine kompetente Hanseatin) an der Strippe, nur leider war die Dame für meinen Spezialfall nicht zuständig. So ging das noch eine Weile weiter. Um mir die Wartezeit zu versüßen, legte ich den Hörer weg und Vivaldis «La Primavera»-Version von den Wiener Philharmonikern mit Herbert von Karajan in den CD-Player, was das hirnlose Gepiepse aus der Hörermuschel übertönte.

Immerhin, irgendwann nach gefühlten zweiundzwanzig Fehlversuchen klappte es dann doch noch mit einem positiven Bescheid. Gerechnet hatte ich nicht mehr damit. Stattdessen sah ich mich schon als Hartz-4-Aufstocker enden. Aufatmen, fürs Erste. Allerdings: *Dieser Bescheid gilt nur rückwirkend ab diesem Zeitpunkt. Zukünftige Anrechnungszeiten sind erneut zu beantragen. Die Formulare liegen bei.* War irgendwie klar …

*

Schikane, Ignoranz, Langeweile, böse Absicht? Eher nicht. Die verbalen Scharmützel spiegelten wohl einfach nur die bürokratische Hilflosigkeit angesichts unseres extravaganten Anliegens wider bzw. den aktuellen Status quo der Gleichberechtigung in Sachen Kindererziehung hierzulande. Nicht mehr, aber auch nicht weniger.

Also: Falls Sie ähnliche Attacken auf die deutsche Rentenversicherungsanstalt vorhaben sollten – berufen Sie sich gleich direkt auf meinen Sonderfall (Aktenzeichen beim Verlag erhältlich). Ansonsten am besten schon mal Lachtropfen kaufen, für ausreichend Schreibmaterial sorgen und – ganz wichtig – gleich zu Beginn vorsorglich viele Kopien machen. Spart später unnötige Laufwege (falls im bürokratischen Papiergebirge mal etwas verschollen geht) und vermeidet hohe Telefonkosten. Achtung: kostenpflichtige Warteschleife!

Fünf Monate

Entwicklungsssschübe außerhalb jeglicher EU-Normen

Fühlen Sie sich von einem witzigen Buch auch manchmal so inspiriert, dass Sie danach vor guten Ideen sprudeln? Prima, nur bitte kaufen Sie sich dann nie einen Entwicklungsratgeber, Sie verlieren garantiert die Lust am gedruckten Wort. Ich weiß, wovon ich rede, denn ich habe mich darauf eingelassen. In meiner Stammbuchhandlung lag zum sagenhaft günstigen Sonderpreis der «Große Entwicklungsberater» im Schaufenster, ein dickleibiges Standardwerk, in dem alles rund ums Kleinstkind verzeichnet ist: Maße, Tabellen, Kalender, Kurven, Flussdiagramme etc. Welcher ganz und gar ahnungslose, aber interessierte Fulltime-Daddy kann da schon widerstehen? Das Buch wusste über alles Bescheid, beschrieb minutiös sämtliche Entwicklungsstufen vom Knuddelbaby bis hin zum Pubertätsmonster.

Ich wette mit Ihnen, Ihr Kind ist für sein Alter zu klein oder zu groß! Oder zu dünn, zu dick, zu rund?! Nein? Dann hat es garantiert einen zu großen Kopfumfang oder ein zu kleines Geschlechtsteil? Wieder nein? Plattfüße? Senk-Spreiz-Füße?

Gratuliere! Baby-Simi indes wollte so gar nicht recht hineinpassen in die aktuell gültigen EU-Säuglings-Gewichts- und Größentabellen. Nie davon gehört? Doch, die gibt's wirklich, und nicht etwa nur für Autokindersitze (ECE 44/0X, 44/04, R44/03 usw.). Fragen Sie mich aber nicht, welche unterernährten Babys aus den künftigen Mitgliedsstaaten die Autoren da als Grundlage für ihre Winzlingsgrößen-Standards hergenommen haben.

Immer nachmittags, wenn Simi (inzwischen auf 76 Zentimeter angewachsen) neben mir auf dem Sofa schnarchend gerade vom nächsten Mammutmilchfläschchen träumte, blätterte ich in dem Buch, ziellos: 53 Farbabbildungen von Müttern mit Kindern auf 64 Seiten, nach einem Papabild suchte man vergebens (ein Wink mit dem Zaunpfahl?). Mein freundlicher Hinweis per Mail blieb verlagsseitig unbeantwortet.

Ich las weiter, Simi begann unruhig zu werden. Augenrollen, Armschlagen. Diese nonverbale Kommunikation forderte meine ungeschulte väterliche Fantasie aufs Äußerste heraus. Er warf sich hin und her, dem Geruch nach zu urteilen quälten ihn Fünf-Monats-Koliken. Was konnte, was musste ich gegen diese schmerzhafte Baby-Geißel tun? Gab es da nicht einen speziellen Kunstgriff? Im Druckwerk wurde ich nicht fündig. Ich legte ihn mir intuitiv seitlich übers Knie – schnell beruhigte er sich. Puh! Imaginäres Schulterklopfen.

Wenige Minuten später eine erneute Schreiattacke. Vermutlich zahnte er jetzt, jedenfalls sabberte er so gewaltig, dass ich mit dem Speichel ein Schnapsgläschen hätte füllen können. Ob ich wohl eine Zahnungshilfe aus der Apotheke besorgen sollte? Oder reichte der ganz banale Beißring, den Opa Heinrich geschenkt hatte, vollkommen aus? Einfach schreien lassen oder systematisch nach Gründen fahnden? Nach dem Wickeln Feuchttücher benutzen oder tat es auch die ganz normale (leicht angefeuchtete) Küchenrolle? – Fragen über Fragen, doch die Schwarte gab nur Antworten auf Probleme, die sich mir gar nicht stellten. Kostprobe: «Das Baby wickeln, baden, trösten, schmusen und in den Schlaf wiegen, das kann prinzipiell auch mal der Papa machen – wenn's die Mama ihm zutraut. Was er aber auf jeden Fall kann: Windeln rausbringen, Toilette putzen und ein Mobile oder eine Mondlampe über dem Bettchen anbringen.»

Vielen Dank auch. Spätestens jetzt gingen mir alle sieben Lampen auf, was auf den nächsten Seiten auf mich zukommen würde. Aber noch gab ich nicht auf.

«Süßen Sie Babytee nie mit Zucker, bevorzugen Sie lieber Fenchelhonig.» – Zwanzig Seiten später: «Bei der Verarbeitung können Bakterien aus der Umwelt in den Honig gelangen. Besonders gefährlich für Säuglinge ist der Krankheitserreger Clostridium botulinum, der ein lähmendes Gift bildet. Bereits kleine Mengen dieser (im Honig in dieser Dosis für den Erwachsenen völlig ungefährlichen) Erreger führen zu einer Lähmung des Säuglingsdarmes.» Um Himmels willen! Simi nuckelte gerade genussvoll am Honigtee und weigerte sich mit Leibeskräften, das Fläschchen abzusetzen. Ich zerrte es ihm gewaltsam aus dem Mund und stopfte statt dessen einen Gummipfropf in die frei gewordene Öffnung, die gerade zu einem lang gezogenen Protestschrei ansetzen wollte.

Was nun? Hilflos, wie ich Ahnungsloser war, bat ich das doppelweibliche Autorinnenteam schriftlich um Rat. Diesmal kam die Antwort *vom Lektor* umgehend per Mail: «Fragen Sie im Zweifelsfall die Mutter des Kindes.» Das nenne ich Leser-Service.

Schließlich noch das Thema Stillen: «Papas sollten die Zweisamkeit zwischen Mutter und Kind nicht stören.» Interessanter Aspekt. Hatte ich so noch nie gesehen.

Mir schien, das Buch brachte mich nicht weiter. Doch ich wagte einen allerletzten Versuch – die Zusammenfassung: «Niaouli ist für Babys das am besten geeignete Aromaöl bei Schnupfen. Am besten versprüht die Mutti das Öl im Kinderzimmer, das erhöht die Luftfeuchtigkeit. Eventuell einzelne Tropfen pur auf Kopfkissen oder Schlafanzug. Das erprobte Vier-Winde-Öl enthält die krampflösenden ätherischen Öle Anis, Fenchel, Kümmel und Koriander und wird zum leichten Einmassieren des Bäuchleins benutzt. Eventuell auch Kardamon – *von Mutterhand sanft einmassiert.*»

Wie hieß das lustige Öl noch mal? Nai …, Nia …jauli? Die Bezugsquellen samt Formular standen anbei. Ganz ehrlich: Was hätten Sie jetzt an meiner Stelle gemacht? Bestellt? Oder sich sanft massieren lassen?

Da durchzuckte mich ein Geistesblitz, die beste Idee des Tages: Das Buch war ein klarer Fall für den Flohmarkt … dass ich nicht früher darauf gekommen war!

«Väter sollten stets Vorbild sein: Lesen gefährdet die Dummheit, das ist gut. Nichtlesen gefährdet die Trägheit. Das ist auch gut.»
Reinhold Messner

Gleich fühlte ich mich besser und schmiss den Elektrogrill an. Die Bratwürstchen schmeckten heute besonders würzig. Irgendwie nach Anis oder ... Kardamon ... ich weiß nicht: ... nach vier Winden? Fantasie kann etwas Herrliches sein.

Simi sog den Schweineröllchenduft genießerisch mit seinem Stupsnäschen ein, kullerte mit den Augen und schleckte sich mit der Zunge über die Lippen, als wollte er sagen: «Demnächst wirst du deine tiefbraunen Phosphatstäbchen mit mir teilen müssen. Ich freue mich schon tierisch darauf, so lecker verbrannt, wie die riechen.»

In den nächsten Monaten gedieh Simi (noch ohne Bratwürstchen, aber auch ohne Bachblüten) prächtig, wenn auch gänzlich oberhalb der vorgegebenen EU-Normen. Ob Sie's glauben oder nicht, diese Tabellen beschäftigten mich noch eine ganze Weile. Stiften solche Normen nicht mehr Verwirrung als sie Nutzen bringen? Doch Moment mal: Fungierte da nicht seit Kurzem ein ehemaliger 50-plus-x-Ministerpräsident als EU-Entbürokratisierer? Sogar ein Landsmann von mir. Enkelkinder hat er auch. Das wäre doch eine reizvolle Aufgabe für ihn, den (Un-)Ruheständler ... Ich stoiberte, Pardon: stöberte in meinem Schreibtisch nach einem Fensterumschlag samt Briefmarke und bat den umtriebigen Politisierer schriftlich, in der nächsten EU-Vereinfachungssitzung (oder so ähnlich) doch die Streichung gewisser Säuglings-Normierungen anzuregen. – Leider keine Antwort, weder aus Brüssel noch aus Wolfratshausen. Statt dessen jetzt brandneu: die EU-Nuckelnorm für Kinderbücher – sie schreibt vor, dass sich Kinder-Pappbücher auch nach stundenlangem Nuckeln nicht auflösen dürfen. Ja, genau das! Ist es nicht immer wieder erstaunlich, was viel beschäftigte Erwachsene hinter bruch- und nuckelsicheren Glasfensterfassaden an langen Arbeitstagen so alles zum Wohle der allerkleinsten EU-Mitbürger/innen aushecken? Wenn da mal nur nicht die Ledersessel der Brüsselopatriarchen bald Auflösungserscheinungen zeigen ...

*

Wie schön, dass Baby-Simi von all dem nichts mitbekam. Gänzlich unbehelligt lebte er in seinem behüteten Mikrokosmos in den Tag hinein (oft genug machte er dabei die Nacht zum Tag), sein junges Leben mit der für ihn typischen Lässigkeit und Dezibelstärke genießend.

Eine typische Szene: «Uäääähh, uääähh», schrillte er los, just in dem Moment, als ich den TV-Kopfhörer anschließen wollte, um mich vom KIKA («Benjamin Blümchen als Kinderarzt») über die körperlichen Bedürfnisse unserer Kleinsten aufklären zu lassen. Das hieß: «Papa, wo bleibt meine Schleckermilch? Los, schwing deinen faltigen Hintern vom Flatscreen weg, aber Flotti Karotti zack zack (nach zweieinhalb Jahren konnte er das exakt so ausspre-chen!). Ich verhungere sonst!»

Jawoll, mein Sohn und Generaldirektor, Ihr Wunsch ist mir Be-fehl. Oh, keine Milch mehr im Kühlschrank! Vielleicht hätte ich lieber einkaufen gehen sollen, anstatt den Nachmittag Leserbriefe schreibend zu verdödeln ...

Superdaddy verdünnte etwas Sahne mit Wasser, das schäumende Gebräu füllte ich fläschchengerecht ab und reichte es ihm etwas zögerlich an. Er saugte sich fest wie ein Verdurstender, kurz da-nach roch er noch strenger als üblich. Mein 500. Wickeleinsatz stand unmittelbar an. Weitere 5500 sollten folgen ...

Vielen Dank auch für Ihre Gratulation! Jaja, ich weiß das zu schätzen. Ganz ehrlich.

Sechs Monate

Tagesmutter-Blues

«Das Glanzstück des Himmels ist die Sonne, das des Hauses ist das Kind», erkannte 1880 die englische Schriftstellerin Mary Ann Evans. Aber auch der engagierteste Vollzeit-Papa braucht zwischendurch mal Pause und ein paar Stunden Zeit für sich fernab von knallheißen Truthahnschnitzelbreigläschen und tonnenschweren Stinkgranaten. Um die Oase des häuslichen Friedens unbeschwert genießen und mal ohne Schuldgefühle die Beine hochlegen zu können, benötigt mann ... eine Tagesmutter. Genau.

Bei den Eltern ist das Anforderungsprofil an die «Ersatzmutti» meist um einiges anspruchsvoller als bei den Betreuten (die Kleinen sind der Außenwelt gegenüber ohnehin noch vollkommen offen und unvoreingenommen). Es reicht von superzuverlässig und liebevoll über fachspezifisch ausgebildet (kinderpsychologisch geschult, sozialpädagogisch erfahren) und in «Erster Hilfe» auf dem neuesten Stand bis hin zu weltanschaulich neutral oder aber religiös geprägt – je nach dem.

Wie nun findet man eine solche Eier legende Wollmilchsau, die der gedanklichen Checkliste von A bis Z entspricht? Gar nicht. Trennen Sie sich von jedem wie auch immer gearteten Idealbild, fahnden Sie statt dessen im *Stadt- und Landkurier* nach einer unverkrampften Persönlichkeit, die im Hier und Jetzt angekommen ist und auf Anhieb sympathisch rüberkommt. Wenn beim ersten Treffen der Funke überspringt, wird alles gut – wie bei uns.

Ich sehnte den ersten Tag der zeitlich begrenzten Baby-Abgabe herbei, zumal sich meine Kraftreserven mal wieder bedrohlich dem Ende zuneigten. Vor allem die zahllosen nächtlichen Schlafunterbrechungen hatten mir den einen oder anderen zusätzlichen Augenring eingebracht.

Während ich schon am Sonntagabend voller Vorfreude die drei Frei-
zeitstunden verplante – sollte ich in Ruhe frühstücken, mal wieder
Joggen gehen oder doch lieber Zeitung lesen oder vielleicht gar
die wertvolle Zeit zum Schlafen nutzen? –, wich die Vorfreude
am Morgen danach einer mich plötzlich überkommenden Panik-
attacke: Sollte ich tatsächlich dieses gerade mal sechs Monate alte,
hilflose Wesen in die Hände einer mir fremden Person übergeben?
Würde er wirklich alles bekommen, was er brauchte: nicht nur
essen und trinken, auch Ansprache und Knuddeleinheiten? Was,
wenn er sich stundenlang die Seele aus dem Leib schrie?

An diesem Morgen war Simi besonders quengelig. Spürte er
etwas? Er schluchzte, Tränen liefen ihm über das Gesicht. So war
mir reichlich mulmig zumute, als ich – Maxicosi in der einen,
Wickeltasche in der anderen Hand – den Klingelknopf drückte.
Allerdings hatte ich mich in letzter Zeit auch oft (ergebnislos) gefragt: Wie viel Papa verträgt ein Kind bzw. wie viel Kind verträgt
ein Papa?

«Hallo …», sagte ich mit belegter Stimme, als die Tür aufging.
«Wir können auch ein anderes Mal wieder kommen …»

«Alles bestens, ich freue mich schon auf Simon», begrüßte uns
eine fröhliche Anfangvierzigerin, die Liane per Zeitungsannonce
aufgespürt und nach kurzem Auge-in-Auge-Interview für «passend» befunden hatte. Zu meiner Überraschung reagierte Mini-
Simon auf die ungewohnte Umgebung sofort positiv und quiekte
vergnügt in die mit allerlei Blattgrün feng-shui-tauglich verzierte
Wohnstube hinein. Ja, er lächelte Brigitte unter seinem H & M-Ba-
bymützchen wie ein Honigkuchenpferd an und drückte ihr demonstrativ seine Rassel in die Hand, als wollte er sagen: «Du bist ab
sofort meine Freundin. Klasse-Abwechslung! Endlich sehe ich auch

mal ein anderes lustiges Gesicht, nicht immer nur Papas Spitznase.»

Ich wartete draußen im Auto noch fast zehn Minuten, aber wie es schien, war ich tatsächlich überflüssig. Einen Moment lang fragte ich mich, ob ich darüber nun froh oder traurig sein sollte.

Zu Hause fand ich keine Ruhe. Mehr als einmal war ich versucht, zum Telefonhörer zu greifen, doch letztlich verkniff ich es mir. Gute Entscheidung. Lieber eine Runde Power-Walking – das relaxt. Auf dem Rückweg kreuzte ich den Weg einer älteren Nachbarin.

«Oh, heute ganz allein!?» Frau Rosenberger machte mit ihren beiden Einkaufstüten einen Schritt auf mich zu. So sind unsere Nachbarn: jederzeit besorgt und an Novitäten brandheiß interessiert.

«Ja, meine Frau ist auf der Arbeit», entgegnete ich knapp.

«Eigentlich meinte ich ja den Herrn Sohnemann ... ist er krank?» – Wie gesagt: Unsere Nachbarn sind *sehr* fürsorglich.

«Nein, dem geht's großartig. Er spielt mit seiner Tagesmutter.»

«Ta-ges-mut-ter?» Frau Rosenberger betonte jede Silbe einzeln und schaute reichlich verdutzt. «Wieso das denn? Sie sind doch in Elternzeit ... oder?»

Ertappt! Warum war ich durch das bisschen Säuglingsbetreuung auch so geschafft, dass ich mir eine Tagesmutti nehmen musste (andere Muttis schafften es ja auch ohne) ... doch für Grundsatzdiskussionen war mir die Zeit, die bis zum Abholtermin noch verblieb, zu schade.

«Äh, also, nun ja, ich hole ihn gleich wieder ab», log ich, um weiteren Fragen zuvorzukommen, und täuschte eine wichtige Erledigung im Carport vor. Nachbarschaftsnotwehr ...

※

«Superklasse gelaufen», empfing Brigitte mich freudestrahlend als ich Simi nach drei Stunden abholte und klapste Simi kumpelhaft auf die Windel. «Das ist der Beginn einer langen Freundschaft. Stimmt's, Simi?»

Als er *mich* sah, verzog sich sein Gesicht, dann steigerte er sich in einen regelrechten Schreikrampf und beruhigte sich erst, als Brigitte ihm versprach: «Du darfst ja bald wieder kommen, Chef.

Wenn der Papa das will ... Klar, Chef?» – *Na und ob* der Papa das wollte!

Erkennntis Nummer eins: Das Geld für die Tagesmutti war glänzend investiert gewesen. Gerne wieder. Gerne öfter. Schon toll, wie lässig-unbefangen die ganz Kleinen mit neuartigen Situationen doch umgehen. *Erkennntis Nummer zwei:* Viel wichtiger als *eine* feste Bezugsperson oder stereotype Rituale sind für die Kleinsten Gefühle von Geborgenheit, Sicherheit und Wohlempfinden, wer auch immer diese auf liebevolle Weise vermittelt. Danke, Brigitte! Du hast den Bogen raus. Danke auch dir, lieber Windel-Simi, für diese nachhaltige Lektion.

An diesem Tag spürte ich erstmals so etwas wie eine Vor-Gewissheit, dass ich noch große Dinge von diesem kleinen Menschen lernen könnte. Das musste ich auch, denn in meinem Kopf türmten sich mal wieder x Fragen: Sollte auch ich mein Kind in speziellen Kursen fördern (lassen) – so wie diverse besorgte Muttis in meiner Umgebung dies permanent praktizierten? Was war sinnvoll, was überflüssig? Was genau hatte es mit PEKiP & Co. auf sich? Vor allem: Wie konnte ich ein (noch) besserer Papa sein bzw. werden?

«Per aspera ad astra» (Seneca, oft zu Unrecht als selbstzufrieden gescholten). Frei übersetzt: «Steil ist der Weg zum Gipfel» oder noch freier: «Lass dich nicht unterkriegen, es wird sich lohnen.» Keine Rose ohne Dornen. Kein Aufzug zu den Sternen, man muss schon die Treppe nehmen. Und erst mal in einer Mutter- & Kind-Gruppe mitmischen ... denn dort geht's mitunter ganz schön ab.

Sieben Monate

Keine Intimitäten mit anderen Muttis, bitteschön!

«Wann trifft sich denn die Gruppe das nächste Mal?», wollte ich von der blonden Stimme wissen, die sich hinter der Kontakt-telefonnummer der Mutter- & Kind-Flohgruppe unseres Wohn-ortes verbarg. «Wir würden gerne mal gelegentlich bei euch rein-schneien.»

«Klasse!», frohlockte die freundliche Dame am anderen Ende der Leitung. «Über neue Mitglieder freuen wir uns immer.» Kurzes Stocken, Knacken in der Leitung. «Momentchen ... wer ist ‹wir›?»

«Na, meine Wenigkeit und mein sieben Monate alter Sohn zum Beispiel», erklärte ich. Simi, der vor mir auf seiner kuscheligen Flauschspieldecke auf dem Fußboden lag, spürte instinktiv, dass von ihm die Rede war, und hielt es wohl für angemessen, einen gut hörbaren Schreigruß durchs Telefon zu schicken. Wo hatte ich gleich noch mal den Schuller-Elefant hingelegt?

«Sind Sie allein erziehend?»

«Nö, eigentlich nicht.» Ein weiterer Schreigruß folgte. *Schnulli-fant, wo bist du? Bitte melde dich!*

Simis fernmündliche Grüße wurden immer lauter, ich verstand nur noch Wortfetzen. «Rufen ... Frau ...?» – Ah, *da* lag der Sau-ger ja: auf Lianes Klavier. Ich reichte ihn meinem Mit-Telefonierer an, der ihn dankbar zwischen seinen Lippen versenkte. «Hallo, ... sind Sie noch dran? ... Was wollten Sie gleich noch mal wissen?»

«Äh, ist denn Ihre Frau nicht zu Hause?»

«Ich manage das hier selber», klärte ich sie auf. Simi lutschte ge-nüsslich am Silikon, anscheinend hatte er beschlossen, dass er genug gegrüßt hatte. «Aber Sie rufen im Auftrag Ihrer Frau an, richtig?»

«Wieso das denn?», rätselte ich. «Meine Frau weiß gar nicht, dass ich anrufe.»

Kurze Pause. Verlegenes Hüsteln am anderen Ende der Leitung. «Also ... tja, wissen Sie: Wenn ich Sie recht verstehe, wollen *Sie* mitkommen!?»

«Wird sich kaum vermeiden lassen. Das Kind soll ja nicht alleine bleiben, oder?» (*Gemeinsames Singen, Spielen und Lernen mit Müttern und Kindern*, so stand es auf dem vierseitigen Flyer.)

«Nun, wie soll ich das sagen? Also, das sind recht intime Treffen, die anderen Mütter könnten sich durch die Anwesenheit eines Mannes gestört fühlen! Aber das geht nicht gegen Sie persönlich.»

Intime Treffen??

«Soll das heißen, wir können nicht kommen, weil ich ... das falsche Geschlecht habe?», lachte ich halb verwundert, halb amüsiert.

«Naja ... so kann man das ... also, vielleicht wenn ich das höchstens mal in die Gruppe einbringe, und wenn dann keine von den anderen Muttis ...»

Geschenkt. Intimität mit anderen Gebärerinnen – nö danke, musste ich nicht haben. In Mutter-Kind-Gruppen dreht sich alles ums Kind, dachte ich bisher immer. In *dieser* Gruppe drehte sich aber offensichtlich alles um die Mütter. Ich wünschte noch viel Spaß und probierte mein Glück im Nachbarort. Und siehe da, hier war frau deutlich freizügiger. Trotz meines ganz persönlichen Handicaps durften wir fremdschnuppern – «zur Probe», wie die Telefonfrau ausdrücklich betonte –, sogar noch am selben Tag. Nichts wie hin.

«Was, du weißt nicht, was PEKiP[1] ist?», «Sind die Äpfel, die ihr da esst, auch wirklich BIO? Nicht überall, wo BIO draufsteht, ist nämlich auch wirklich BIO drin, musst du wissen ...», «Was, deine Frau stillt gar nicht mehr? – Na, wenn sich das nicht mal eines

---

[1] Das Prager Eltern-Kind-Programm (PEKiP) ist ein Konzept für die mit Eltern und ihren Kindern im ersten Lebensjahr, das im Rahmen einer Krabbelgruppe den Prozess des sensiblen Zueinanderfindens unterstützen soll und auf eine Frühförderung der Babys sowie einen Erfahrungsaustausch der Eltern abzielt. Im Mittelpunkt stehen Spiel-, Bewegungs- und Sinnesanregungen für Eltern und Kinder. Generationsübergreifend sind Eltern und Kinder gemeinsam spielend tätig – letztere meist nackig.

Mutter-Kind-Gruppen

In den Mutter-Kind-Gruppen treffen sich einmal in der Woche zehn Kinder zwischen einem und dre[i] Jahren mit ihren Müttern. ◀—

Mutter- Kind- Gruppe M 1	Dienstag Nachmittag	15.00 - 17.00
Mutter- Kind- Gruppe M 2	Mittwoch Vormittag	09.00 - 11.00
Mutter- Kind- Gruppe M 3	Donnerstag Vormittag	09.00 - 11.00

Der Monatsbeitrag beträgt für **Vereinsmitglieder 13,- €** und für **Nichtmitglieder 16,-€** pro Kind.

Intime Zusammenkünfte ohne männliche Inspiration: Papa-Tiere mussten leider draußen bleiben ...

Tages rächt», «Hast du noch nie gehört, dass Erdbeeren bei Kleinkindern Allergien machen?»

Da stand ich nun ... und kam mir vor wie der gute alte Faust (und vor ihm schon der uralte Sokrates): Ich wusste rein gar nichts.

«Uäääh, uäääh!» – Bei Simi drängte sich mir von Anfang an der Eindruck auf, dass er die wöchentlichen Brüllkonferenzen mit seinen Altersgenossen unter der Rubrik «wenig erbaulich» einstufte. Verbal protestieren konnte er ja noch nicht, aber er machte sich jedes Mal steif wie ein ganzer Bretterverschlag und zog sich auf seine inzwischen stadtbekannte Fortissimo-Fanfare zurück, sobald wir uns nur der Lokalität näherten, sein hochrotes Haupt hektisch hin und her werfend. (Die anderen Jungspunde krakeelten auch alle, während sie mitsam ihren Teddys, Eisbären oder Mega-Plüschelefanten von kompromisslosen Muttertieren aus den Sechs-Zylinder-Familienpanzerkäfigen herausgezerrt wurden.)

Und die Mamis selbst? Die übertönten noch die Kinder, schleppten und schoben ihre Schützlinge in die räucherstäbchengeschwängerte Räumlichkeit, wo die meisten Sieben-Monats-Kreaturen vor Erschöpfung sofort wegknackten. Die wenigen Wachgebliebenen verlangten lautstark nach mütterlicher Milch; dabei kam ich mir etwas deplatziert vor, zumal Simi mir immer wieder fordernd (aber natürlich ergebnislos) an den Brustkorb fasste.

Ansonsten sog ich alles Wissenswerte auf, denn brandheiße Infos und alternativmedizinische Geheimtipps zu Windelekzemen, juckenden Hautausschlägen oder nächtlicher Baby-Inflatulenz bekommt man nun mal nicht in der Nordkurve der Allianz-Arena, wo bisher immer mein Hauptumschlagplatz für wissenswerte Kleinigkeiten gewesen war.

«Erkenne als Mann die Dummheit in dir.
Und die Dinge gehen dir sofort leichter
von der Hand.»
Sokrates

Ganz ehrlich: Hätten Sie geahnt, dass sich bei Knieentzündungen ein Versuch mit der aus Hahnenkämmen gewonnenen Hyaluronsäure lohnen kann? Selbst direkt ins Gelenk injiziert, versteht sich. Von den wahrhaft kompetenten Mamis hatte jede zweite diesen Selbstversuch schon erfolgreich hinter sich. Sie finden das eklig? Ich auch. Aber vielleicht wäre dieser Geheimtipp nicht nur für den Hausgebrauch geeignet, sondern gerade *die* Lösung für Michael Ballacks dauerlädiertes Knie, wer weiß?

Dass Nachtkerzen nicht im Dunkeln leuchten, begriff ich schnell, aber bis ich das gesammelte moderne Mütter-Fachwissen halbwegs drauf hatte, vergingen schon ein paar Sitzungen. Wussten Sie, dass Rooibos die mit Abstand beliebteste Jungmütter-Teesorte ist und Wacholderbeeren sich optimal zum Entwässern nach Schlemmerorgien oder bei dicken Beinen eignen?

Papa Schimmerlos staunte. Diese überaus engagierten 24-Stunden-Mamis, die sich hier wöchentlich zusammenfanden, waren unzweifelhaft verkannte Kapazitäten in Sachen Babyhomöopathie, Kinderzimmer-Fengshui, Osteopathie, Pilates & Co. Alles dies wurde hier ebenso kompetent wie emotional durchdiskutiert, vom Kopf auf die Beine und wieder zurück gestellt und dabei auch für den (einzigen) Mann durchaus verständlich aufbereitet. Nach etwa vier Zusammenkünften konnte ich über Sinn und Zweck von Hopi-Ohrakupunktur qualifiziert mitreden sowie über potenzielle Gefahren von Handystrahlung für Babys referieren. Ein bescheidenes Dankeschön an dieser Stelle. Von den Gesundheitsgefahren rein vegetarischer Kost, ich hatte mich extra auf meinen Redebeitrag vorbereitet und hätte ein ganzes Referat dazu halten können, wollten sie allerdings nichts wissen. Selber schuld.

*

Angesichts des herannahenden Vorfrühlings fasste ich mir eines Tages ein Herz und fragte mutig in die Runde: «Ich hätte da mal einen Vorschlag: Wie wär's denn, wenn wir heute vielleicht mal einen gemeinschaftlichen Picknickausflug zu der romantischen Krokuswiese im Bürgerpark unternehmen würden – selbstverständlich mit Decken und Sitzkissen?»

Zögern, Hüsteln, verlegene Blicke. «Tja … äh … wäre ja grundsätzlich schon mal was anderes … aber gerade heute … vielleicht könnte man einen anderen Zeitpunkt finden … langfristig vorausplanen … usw.»

Wie es ausging? Nun, es wurde volldemokratisch abgestimmt. Elf Muttis, ein Papa. Ergebnis: Änderungsantrag 10:2 von der Gruppenmajorität abgelehnt. Schade drum, die Sonne meinte es an diesem Frühmärz-Tag besonders gut. Doch nicht jeder weiß so etwas zu schätzen.

Danach war Funkstille angesagt. Simi und ich gingen noch zwei-, dreimal hin – ich hatte fürs Erste genügend Jungmutti-Wissen angehäuft –, anschließend verlegten wir unsere als informelle Treffen getarnten Milieustudien ins Freie oder aber, bei Regen, ins nächst gelegene Möbelhaus. Letztlich ebenso spannend wie aufschlussreich.

Zehn Monate

Wohnst du schon oder schleppst du noch? –
Downstairs to the Möbelhaus-Tiefgarage

Bestimmt gibt es in Ihrer Nähe auch eine Filiale dieser weltbe-
kannten skandinavischen Möbelhauskette. Ganz sicher sogar. Sie
wissen schon: die mit den wenigen Buchstaben, wo alles nicht nur
unglaublich günstig, sondern auch noch total hip, funktional,
farbenfroh und familienfreundlich ist. Oder wenigstens eine andere großräumige Einrichtungslokalität, wohin Sie gelegentlich mal
einen Familieneinkaufsausflug machen können?

Unter uns: Früher habe ich diese Wohngiganten immer weit-
räumig umfahren – kein Bedarf. Mein Schreibtisch und ich bilden
seit zwanzig Jahren eine Symbiose, an ihn binden mich viele persönliche Erinnerungen, außerdem ist er unverwüstlich, einen neuen
brauche ich nicht. Doch mit Kleinkind sind die Dinge im Fluss,
da avanciert man schnell zum Einrichtungshaus-Stammbesucher
mit goldener Kundenkarte, irgendwas steht immer an: jetzt gerade
ein neues Kinderbettchen mit beleuchtetem Sternennachthimmel,
ein Energiesparlampen-Leuchtbär, ein Vorhangstoff mit Tier-
motiven, das neueste Modell des zusammenklappbaren, nach allen
Seiten verstellbaren Plüschkugelkuschelausziehsessels (ein Muss
für jedes Kleinkinderzimmer), daneben diverses andere. Auffällig:
die familiäre Atmosphäre. Alle sind hier ganz easy auf Du und Du,
wie entsprechende Plakate von den Wänden signalisieren.

«Ach, könntest du mir bitte wohl mal eben kurz die gelbrosa
Klobürsten-Ente von da oben herunterreichen?», bat mich neulich
mal eine Jungmutti mit Babytragetuch. Ehrensache, unter Müttern
hilft man sich, wo man kann.

Zwei Minuten später: «Wäre es wohl zu viel verlangt, wenn du
sie wieder hochhängen würdest? Sie gefällt mir jetzt doch nicht.»
Aber ja doch, no problem. Alles klar.

Weitere Pluspunkte: das überdachte und obendrein kostenfreie (wo gibt's das heute noch?) Parkareal, so groß wie zehn Fußballplätze, dazu eine gut bestückte Chillout-Zone für die Kiddies. Vater-Herz, was willst du mehr?

Bei unserem letzten Ausflug gönnten Simi und ich uns nach der Shoppingtour im SB-Restaurant etwas Herzhaftes. Brunch-Time unter sanft regulierter Abba-Beschallung («Money, money, money») inmitten Mutti-Getümmel mit zahllosen wuseligen Schlabberlätzchen-Kids. Nachteilig und wenig appetitfördernd: Die Klimarotoren wälzten andauernd die Toilettenluft um und pusteten diese auf direktem Wege an unseren Tisch. (Und ich hatte mich noch gewundert, warum in diesem Eck niemand saß).

Schon mal Kötbullar probiert? Diese hellschwarz gebratenen Hackfleischbällchen, Sie wissen schon. Die wie Elchköttel aussehen und nach eingeschlafenen Husky-Pfoten schmecken. Nichts für mich, dann schon lieber die in Ketchup ertränkte Currywurst mit Schrumpelpommes und heißer Schokolade. Für Mini-Simi hatte ich zwei gut temperierte Lasagne-Napoli-Gläschen mitgebracht.

Liane wollte nur «noch schnell was nachschauen» gehen. Das kannte ich, doch was zählen schon Vorahnungen? Simi und ich saßen direkt am Riesenfenster und genossen den Ausblick auf den Riesenparkplatz. Immer wenn ein rotes Auto vorbeifuhr, gluckste er in seinem giftroten T-Shirt mit Feuerwehrautoaufdruck und deutete aufgeregt mit dem Zeigefinger hinunter. Plötzlich entdeckte er das Spiel-Feuerwehrauto im Restaurantspielbereich. Wild gestikulierend machte er mir aus dem Kinderwagen heraus Zeichen, dass er unverzüglich herausgehoben werden wollte. Gefordert, getan. Ich platzierte ihn vor das bunte Drehlenkrad (er konnte inzwischen aufrecht sitzen!) und sah gespannt zu, wie er ungestüm kurbelte und seinen Spaß hatte. Doch vielleicht drehte er zu heftig, jedenfalls katapultierte sich schon nach wenigen Sekunden die Plastikscheibe aus der Verankerung und traf ihn an der Nasenwurzel. Nichts Gravierendes, ich kühlte das Mini-Hörnchen suboptimal mit der eiskalten Wasserflasche, doch sein «Hilfe, ich sterbe und keiner hilft mir»-Gekrähe beschallte die ganze Etage.

«Pass doch zur Abwechslung mal etwas besser auf dein Kind auf, Papi», raunzte mir da doch tatsächlich eine Ökohosenanzug-Dame mit Randlosbrille – Typ Lehrerin – von der Seite zu, ehe sie husch-husch gleich wieder zwischen Bastflechtkörbchen und Dusch-vorhängen entschwand (was für sie zweifellos auch besser war). In-zwischen brüllte sich Simi blau, eine Verletzung konnte ich freilich nirgends entdecken. Eine Runde Huckepack? Ja? Ich hopste mit ihm durchs Restaurant und rief: «Tatütata, hallooo Einsatzleiter Simi! Alle Mann an die Spritzen! Löschen! Löschen!!!» Ablenkung ist das halbe Vaterleben.

Er hielt einen Moment inne, lachte kurz (eigentlich hörte es sich mehr wie ein Grunzen an), entschied sich dann aber sein Schrei-konzert fortzusetzen. Oh Mann! Kollektives Kopfschütteln der von uns überholten Muttis und Omis, doch keine verriet dem Hilf-los-Daddy, was er falsch machte. Mangels besserer Ratschläge setzte ich ihn auf den Tisch und flößte ihm mit der Saugflasche eine viertel Thermoskanne Johanniskrauttee ein. Diese Rechnung ging gottlob auf, er beruhigte sich rasch, und so verging die Zeit. Well done, Su-perdaddy!

«Mädels, bitte passt auf, dass ihr nicht an einen dieser Anti-Typen geratet, die schon damit überfordert sind, ihren Babys hin und wieder ein Fläschchen zu verabreichen.»
Sonya Kraus

Wickelzwischenfälle im Toilettenbereich

«Nehmt doch lieber die nächste Tür? Bei den Damen gibt's ein schickes Wickeleck», schlug mir ein sympathischer Endzwan-ziger vor, als ich Simi gerade auf dem Fußboden der Herren-Möbelhaustoilette wickelte (natürlich hatte ich ein Tuch unter-gelegt).
Hm, stimmt. Mit Sack und Pack zogen Simi und ich zum femi-ninen Windelbereich um. Die Serviceangestellte beäugte uns zwar kritisch, verkniff sich aber eine Bemerkung.

Kaum hatte ich losgelegt, da näherte sich uns auch schon die erste Dame forsch von hinten, Typ fürsorgliche noch-nicht-ganz-Omi: «Haben Sie alles dabei, was Sie zum Wickeln brauchen, junger Mann?»

Ich konnte sie beruhigen. Wenige Sekunden später die nächste freundlich-demonstrative Anfrage in Gestalt einer jüngeren Klobenutzerin:

«Brauchen Sie Hilfe?» – Nö danke, alles roger.

Nächste: «Prima, wie Sie das als Vater machen! Das gibt's viel zu selten …»

Übernächste: «Sind Sie denn alleine mit dem Kind unterwegs?» Diesen Spruch kannte ich bereits zur Genüge.

So ging das einige Minuten. Mir war nie bewusst gewesen, welch reger Verkehr in diesen Erfrischungsräumlichkeiten herrschte. Ich hielt mich ran, aber Simi hatte richtig zugeschlagen. Puuhh, endlich geschafft: Wickelkonferenz beendet. Schnellstmöglich flohen wir in Richtung Verköstigungsturnhalle.

Geschlechterneutrale Wickelecken – das wär's. Wie zum Beispiel auf Mallorca am Flughafen. Die nächste Bedienstete, die ich fand, sprach ich darauf an.

«Im Augenblick kein Bedarf», entschuldigte sie sich. «Aber ich kann es gerne mal bei der Geschäftsleitung anregen. Vielleicht ja in ein paar Jahren …»

So lange wollte, konnte ich nicht warten. Das nächste Mal wickelte ich Simi wieder im Männerklo auf dem Fußboden. Hat was. Vor allem Ruhe.

Übrigens: Im Neubau der Universität Leipzig ist man schon einen Schritt weiter. Hier befindet sich der Wickelplatz im Vorraum der Herrentoilette! Ja, richtig gelesen. Vielleicht sollten wir da mal hinfahren, die Kunstmetropole hat ja auch sonst einiges zu bieten …

Es wurde immer leerer im Restaurant, von Mama Liane weit und breit nichts zu sehen. Und meine Solarzellenuhr war wieder mal stehen geblieben – zu wenig Licht im Möbelhaus?

Abflug zur Tiefgarage! Doch manchmal hat sich alles gegen einen verschworen. Jetzt zum Beispiel hatte der hypermoderne Glasaufzug aus irgendeinem Grund keinen Saft mehr, alle mussten die Treppen benutzen. In solchen Situationen wäre ein Luftkissen-Schwebe-Kinderwagenmodell, wie es amerikanische Hightech-Labors angeblich bereits testen, außerordentlich nützlich. Eine gute Kondition sichert zweifellos das Überleben als Papa-Mutti, doch ich besitze keine achtzehn Arme und kann ich auch als (gut trainierter) Mann nicht mal eben so einen Kinderwagen samt bleischwerem Inhalt unter den Arm klemmen und 40 Stufen runterwuchten. Hier schien aber unter Bediensteten und Besuchern die Meinung vorzuherrschen: «Ein Mann mit Kinderwagen ist selbst schuld und soll zusehen, wie er es alleine hinkriegt. Gelobt sei, was hart macht.»

So ließ frau mich links liegen (auch diejenige mit der Klobürste), bis schließlich eine feingliedrige ältere Besucherin beherzt Hand anlegte. Das war immerhin ein Anfang! Und als wir unten ankamen, waren wir sogar zu fünft, die Kinderwagen-Simi in seiner Sänfte hinab in die Tiefgarage bis zur Familienkutsche trugen. Er bedankte sich bei allen mit lautstarkem Gebrüll, wobei er mehrmals die Tonart wechselte. Mein Teevorrat war leider alle.

Mama Liane wartete bereits im Auto und hörte im Radio «Für dich schiebe ich die Wolken weiter» von Yvonne Catterfeld. «Wo bleibt ihr denn so lange?», fragte sie genervt. Für diese direkte Art liebe ich sie unter anderem.

*

Nachdem ich Simi abends ohne Milchfläschchen (er war total erschöpft) in sein neues Gitterbettchen mit Käpt'n Blaubär-Segel gewuchtet hatte – Liane musste noch einen geschäftlichen Abendtermin wahrnehmen –, döste ich zum ersten Mal in meinem Leben vor dem Fernseher ein. Der süße Schlummer dauerte freilich nur kurz, denn der Blaubär war wieder aufgewacht und forderte lautstark – man kann ja auch als Einzelkind überhört werden – seine allabendliche Milchportion ein.

Ich sprang auf und rannte in die Küche, um Pulver einzurühren und die Wassertemperatur zu checken. Mit gespitzten Lippen schnappte er mir den Sauger aus der Hand und rüsselte den Inhalt bis zum allerletzten Tropfen raus. Roch es da nicht schon wieder verdächtig streng? Ich sprintete in den Keller, um die neue Windelpackung hochzuholen und vorsichtshalber in Stellung zu bringen.

«Uäh, uäähh, uäääähhh», schallte es mir auf der untersten Treppenstufe schon entgegen. Herr Doktor Ehmann, schnell, schneller! Wo bleiben Sie denn?

> «Isch habe in die Hose kaka gemacht.
> Und was bekomm isch von eusch?
> Nur Scheise. Isch liebe eusch babies.»
> *Bruce Darnell, Laufsteg-Ikone bei*
> *«Germany's next Topmodel»*

«Bin schon da!», rief ich nach oben, um ihn in Sicherheit zu wiegen, und rutschte übel auf der Treppe aus. Blut spritzte, doch die Windel hatte jetzt Vorrang. Die fünf Meter ins Wohnzimmer legte ich trotz gefühltem doppeltem Nasenbeinbruch unter zehn Sekunden zurück. Schnell beruhigte er sich und lächelte mich an. Als ich mich zu ihm runterbeugte, fasste er mir beherzt an die Nasenwurzel. Jetzt war *ich* es zur Abwechslung, der schrie. Irgendwie stolperte ich mit letzter Kraft zum Eisfach und kühlte die Stelle mit einem tief gefrorenem Spinatklumpen. Wo war bloß der Kühlbeutel, den ich neulich eigens für solche Zwischenfälle gekauft hatte?

«Was macht ihr denn für Sachen?», fragte Liane vorwurfsvoll, die gerade die Haustür aufsperrte und von meinem blutverschmierten Gesicht empfangen wurde. Immerhin wusste sie im Gegensatz zu mir, wo der Erste-Hilfe-Koffer versteckt war. Der Abend war gerettet.

Zwölf Monate

Turboschaukeln pur!

Alles in Butter bei den Ehmanns? Danke der Nachfrage.

Simi-Sonnyboy, inzwischen einjährig und auf allen Vieren fort-
bewegungsfähig, war nach wie vor überall sehr willkommen, doch
mir gegenüber reagierte die Vorstadt-Mütterwelt neuerdings wesent-
lich zurückhaltender als zu Anfang, als Ehmann 1 und Ehmann 2
noch überall für spaßiges Außenseiter-Aufsehen gesorgt hatten.
Woran lag's? War ich zu reserviert aufgetreten? Oder zu forsch?
Ließ ich es am fein nuancierten Vorstadt-Sound fehlen? Gewisse
Fragen im Leben bleiben unbeantwortet.

Doch was ist ein Kinderleben ohne Spielplatz? Diese Kröte galt
es zu schlucken, die nächsten Spielplatztouren kamen für mich Tor-
turen nahe. So ungefähr könnten sich frisch rekrutierte römische
Legionäre gefühlt haben, als sie im Ersten Punischen Krieg die
großen Unbekannten Karthago und Sizilien erobern sollten.

Geben Sie es zu, Sie halten mich für ein Weichei! Okay, okay,
aber wie würden *Sie* sich fühlen, wenn Sie mit frisch geöltem Buggy
bei angenehm sommerlichen Temperaturen gut gelaunt an Ihrem
Stammspielplatz vorfahren und sich alle auffällig unauffällig abdre-
hen? Ich grüßte wie immer schwungvoll freundlich, frau grüßte
nur mehr zaghaft. Die extreme Gluckenanhäufung bildete unter-
schwellig eine kartellähnliche Gemeinschaft, in die ich schon von
Geschlechts wegen keinen Zutritt hatte. Wenigstens Simi hatte seinen Spaß, er war für derartige sanfte Erwachenenspannungen noch
gänzlich unsensibel und krabbelte begeistert auf die Sandgrube mit
der gesamten Windelbande zu. Dort angekommen, stützte Simi sich
unter begeisterten Anfeuerungsrufen diverser Randmuttis zu einem
reichlich unkonventionellen Bärengang hoch und lenkte so immerhin ein wenig von mir ab. Danke, Junior. Das ist echte Solidarität,
ich weiß das zu schätzen.

Ich wartete, bis die Babyschaukel frei war, und setzte Simi hinein. Er strahlte mit der Sonne um die Wette und genoss es sichtlich, in der Masse aufzugehen. Zappelnd und mit hektischen Kopfbewegungen signalisierte er mir, dass er hochgeschubst werden wollte. Hoch, höher, am höchsten hinaus. «Hooohoooohooi!» Seine röhrende Lache überklang sämtliche fremdmütterlichen Tuscheleien, ich tat ihm den Gefallen. Turboschaukeln pur! Die Gurte leisteten Schwerarbeit.

‹Papa, jetzt ein Überschlag!›, funkelten mir seine blitzenden Augen zu.

Die Exkursion begann mir langsam Spaß zu machen. Vorwurfsvolle Blicke allerorten, die mir zuriefen: ‹Wie kann man ein derart kleines Kind nur so hoch schaukeln lassen?› Simi kriegte sich gar nicht mehr ein, gluckste selig und wollte gar nicht mehr runter. Die Schlange der Wartenden und Gaffenden wurde immer länger. Ich bremste den Schwung ab. Genug für heute. Simon sah das völlig anders, krallte sich protestierend an der Kette fest, als ich ihn rausheben wollte. Er machte sich bleischwer und plärrte los wie der Stier von Uri.

Unisones Kopfschütteln um und herum, als ich ihn unsanft anpackte und zum Sandkasten trug. Zur Beruhigung drückte ich ihm eine Schaufel in die Hand, mit der anderen umklammerte er wie ein Schraubstock seinen knallgelben Lieblingsschaufelbagger. Er sah einfach zum Anknabbern aus, wie er so da saß. In seinem graublauen Hosenanzug mit dem World-Wildlife-Emblem auf der Brust, der inzwischen doch recht eng an seinem wohl gerundeten Körper anlag, ähnelte er allerdings ein wenig dem Michelin-Männchen aus der Reifenwerbung. Wir bauten eine Ritterburg, ich buddelte wie ein Kaninchen mit den Händen, er zog den Wassergraben. Ein etwa fünfjähriges Mädchen tänzelte grinsend heran und knallte ihm scheinbar grundlos ihren Eimer auf den unbehelmten Kopf. Der Getroffene schaute mich zuerst unentschlossen an, als zähle er bis drei. Einundzwanzig, zweiundzwanzig, dreiundzwanzig … Als ich nicht reagierte, verzogen sich seine Gesichtszüge jäh ins Grimassenhafte und er ließ es krachen: «Uäääh, uäääähhhh!»

Da half nur eines: auf die Schulter wuchten – und ab. Ich drehte eine «Hopp, hopp, hopp-Pferdchen-hüpf»-Runde um den Spielplatz, dabei wieherte ich wie eine überdrehte Stute. Sein Weinen ging augenblicklich in exaltiertes Lachen über, *mein* Lachen blieb mir angesichts eines bedrohlichen Brustwirbelsäulen-Knackens im Hals stecken. Ein alter Gaul ist nun mal kein Rennpferd. Ich krabbelte jetzt auf allen Vieren und imitierte zur Abwechslung ein Wildschwein: «Grrrrunz! Grrunz! Rrrrrrunff!» Simi grunzte mit mir um die Wette, von schlechter Stimmung keine Spur mehr. Ein Dutzend offene Mutti-Münder begleiteten uns.

«Das hast du aber wirklich klasse gemacht», sagte eine von ihnen stellvertretend. Meinte sie das jetzt in echt oder ironisch? Ich kam nicht drauf.

Was mir schon bei meinem allerersten Spielplatzbesuch aufgefallen war – und sich später immer wieder bestätigte: Im Sand spielende Mädchen durften alles, Jungen überhaupt nichts. Typische Situation: ein Junge, ein Mädchen, eine Supermutti:

«Larissi, würdest du bitte mal herkommen!»

«Louis, komm sofort her, sonst setzt's was!»

Oder anders herum:

«Larissi, ich komme ja schon. Ja, ja, ich komme. Einen Moment noch ... ich koooomme!»

«Louis, warum soll ich eigentlich immer kommen? Hilf dir selbst, wenn du was brauchst! Oder komm gefälligst rüber!»

Die Prinzesschen wurden behandelt wie rohe Eier, verfügten über eine Art (für mich unsichtbaren) Heiligenschein: Förmchen werfen, Schaufeln abbrechen, Burgen mit dem Fuß kaputt treten, ihren großen Brüdern mit dem Rechen durchs Gesicht fahren. Da krähte keine Henne nach.

> «Mein Sohn, geh den Frauen zart entgegen,
> du gewinnst sie, auf mein Wort.»
> *Johann Wolfgang von Goethe*

Ganz anders bei den Jungs: Sobald die berockten Feldwebel pfiffen, wedelten die kleinen Rekruten express zum Rapport und holten sich ihren Anpfiff ab. Ich bin mir fast sicher, die wussten meistens gar nicht, warum. Wenigstens gab es da noch allenthalben beherzte Omis, die als Knautschzonen-Schlichterinnen auftraten und für ihre Enkel eine Lanze brachen.

Plötzlich trat eine Supermutti auf Simi zu.

«Na, wo hast du denn deine Mami gelassen, kleiner Mann?», fragte sie reichlich provokant, schließlich stand ich zwei Meter daneben. Mich beachtete sie nicht, was mir im Grunde ganz recht war. Der «kleine Mann» grinste zuerst die Fragestellerin, dann mich vielsagend an, so als wolle er sagen: «Wieso? Ich habe sogar *zwei* Muttis. *Die* hier ist meine Bodyguard-Mami, sie hält mir unangenehme Personen vom Leib, wenn's denn sein muss. Da staunt die Übermutti aber, was? Hihihi.»

✳

Ganz allmählich etablierten wir uns allerdings doch noch als halbwegs ernst zu nehmende Spielplatzgäste. Ein Platz an der Teetafelrunde der Schaukel- und Rutschbahn-Amazonen blieb uns freilich verwehrt, aber es gibt *noch* Wichtigeres im Leben.

Auch Liane kam aufgrund ihrer seltenen Anwesenheit nie in den Genuss des von den Kartellaufseherinnen vergebenen imaginären Gütesiegels «Spielplatz-Mutti». Bei einem Spielplatzbesuch erlebte sie Folgendes:

Während sie zusammen mit Simi im Sandkasten kleine Sandkuchen perfektionierte, kam eine andere Mutti hinzu, die Papa & Sohn schon kannte. Sie scherzte angeregt mit dem gähnenden Baby und sagte zum Schluss zu Simi ostentativ: «Richte doch noch schöne Grüße an Papa zu Hause aus.» Mama Liane beachtete sie überhaupt nicht – dabei war ja sonnenklar, dass ein zwölf Monate junges Wesen überhaupt nichts ausrichten würde …

Noch erwähnenswert: Unser Verhältnis zu manchen Nachbarn, die ob unserer kreativ-innovativen Rollenverteilung einigermaßen irritiert schienen, veränderte sich im Laufe der drei Jahre Elternzeit durchaus fühlbar. Für den *weiblichen Teil* der Nachbarschaft hatte ich als Vollzeitdaddy zur allgemeinen Mutter-Kind-Konversation zu wenig Kompetentes beizutragen – eine Papa-Mutti ist eben nun mal *keine echte* Mami, auch wenn er/sie sich konsequent mit Kinderthemen beschäftigt –, aus ihrer Sicht sah ich manches eine Spur zu easy. Und mit den *männlichen* Nachbarn verbanden mich immer weniger gemeinsame Interessen, da Beruf, sportliche Aktivitäten und Autos nicht mehr im Zentrum meines geistigen Fokusses standen. Auch Liane nahm eine fühlbar extraordinäre Rolle innerhalb unserer Nachbarschaft, insbesondere den Familien, ein. Als Alleinversorgerin war sie beinahe noch exotischer als ich, immerhin erntete sie jedoch zumindest von den Männern eher anerkennendes Nicken. Was mir nie mehr zuteil wurde. Ach was, reden wir nicht drum herum: Ich war völlig unten durch!

Väter – verzweifelt vermisst, oder: Übermuttis und Nestfluchtpapis

«Mütter tragen schwer. Die Last der Kinder. Die Verantwortung. Das Wohl der Familie. Mütter sorgen für mitmütterliches Ansehen. Mütter leisten Muttiarbeit. Mütter nehmen Termine wahr, Mütter bringen Kekse mit, Kaffee, Geschirr, Bastelzeug und gute Laune. Mütter haben es schwer. Ach, Mütter! Eine bleierne Aura umgibt euch. Gewichte hängen an euren Mundwinkel. Eisenkäfige tragt ihr mit euch herum und schaut griesgrämig durch die Gitterstäbe. Wenn es nicht die stets zu Klagen bereite Anspannung ist, dann ist es euer trotzig-fröhliches Auftreten als Supermuttis, das alles niedermacht.»

Die Journalistin und Literaturpreisträgerin Dorothea Dieckmann, «Unter Müttern», 1993

Zu meinem Erstaunen stellte ich gelegentlich fest, dass manche Jungmutter in meiner Umgebung recht bald nach der Heimkehr aus der Geburtsklinik von einer ganz normalen Frau zu einem «Überwesen» mutierte (was teilweise auch schon äußerlich deutlich sichtbar wurde) und dazu neigte, sich in Sachen Kindererziehung zum Maß aller Dinge machen. Nun sind die meisten Mütter sicher sehr dankbar über seltene Exemplare von engagierten Vätern, nicht so dieser spezielle Mutti-Typ: Sie weiß alles, kann alles, darf alles, muss alles. Gerne lamentiert sie über ihren angeblich untätigen Ehemann, will aber insgeheim doch lieber alles an sich reißen. Anstatt Betreuung zu delegieren, stöhnt sie über Zwei- und Dreifachbelastungen … und vermittelt dem wohl meinenden, durchaus betreuungswilligen Papatier das Gefühl, zu Hause reichlich überflüssig zu sein. Ich betone ausdrücklich, dass dies natürlich nur auf jenen speziellen Übermutti-Typus zutrifft.

Nicht wenige Väter wären vermutlich weit mehr als nur Ersatzmütter und durchaus in der Lage, so mancher vermeintlichen Übermutti das Wasser zu reichen, jedenfalls könnten sie das, wenn sie es öfter dürften – oder *müssten*! Und womöglich wäre es für manche Kinder, insbesondere Jungen, durchaus von Vorteil, schwerpunktmäßig vom Vater (und *nicht nur* von der Mutter) betreut zu werden (*vgl. Steve Biddulph, Weitere Geheimnisse glücklicher Kinder*).

Deshalb, liebe Muttis, hier eine sanfte Anregung: Packt die Väter bei ihrer Ehre, lasst sie nicht mal eben so entwischen! Dann lasst sie einfach machen. Und wenn Ihr die Kinder an Eure Partner übergebt, um mal für ein paar Stunden Ruhe zu haben, dann schaut ihnen nicht ständig auf die Finger, sondern habt Vertrauen in die männliche Intuition (die gibt's!). Und wenn doch mal etwas schief gehen sollte … Schwamm drüber.

Vierzehn Monate

Herzlich willkommen, ihr guten Ratschläge

Kommt Ihnen das bekannt vor? Sie wachen morgens auf und über Nacht hat sich in Ihrem Vorderhirnlappen ein Pfropfen voller Fragen angesammelt: zum Beispiel, ob Sie heute für den Mittagsnachtisch ausnahmsweise mal Blaubeeren aus Litauen einkaufen sollten … oder doch lieber nicht (wegen eines möglichen Fuchsbandwurms bzw. wegen möglicher Strahlenbelastung)?[1] Alternativ vielleicht ein paar große Becher Erdbeerjoghurt … aber wurden da nicht neulich in einer bekannten Marke mal Sägespäne drin gefunden?[2] Und schließlich: Sind Sie mit der normalen Alpenländer Frischmilch gut bedient oder muss es gerade für Kinder BIO sein?

Wo anfangen? Eine der wertvollsten Informationsquellen für mich, der ich mich in solchen Ernährungsthemen für wenig kompetent halte, waren unsere Grandies, denn die verfügten nicht nur über reichlich Erfahrung, sondern auch über die erforderliche Menge an Muße und Zeit, diverse Informationsquellen zu selektie-

Was meine Recherchen ergaben:

[1] «Dass man sich von Beeren den Fuchsbandwurm holen kann, gehört ins Reich der Legenden. Es ist für keinen einzigen Patienten erwiesen, dass er sich so angesteckt hat» (der Molekularbiologe und Fuchsbandwurm-Experte Klaus Brehm von der Universität Würzburg). Hingegen sorgt das radioaktive Metall Cäsium 137, einer der Hauptbestandteile der Tschernobyl-Wolke, bei Beeren aus Osteuropa noch immer für Belastungen, die weit über dem EU-Grenzwert liegen. Thomas Dersee von der Gesellschaft für Strahlenschutz: «Pilze oder Beeren aus dem Bayerischen Wald und Osteuropa gehören bei Kleinkindern nicht auf den Tisch!» (Quelle: www.umweltinstitut.org)*

[2] Holzspäne findet man im Joghurt mit Sicherheit nicht. Aber: «Naturidentische» Fruchtaromen (naturidentische Aromastoffe haben mit natürlichem Geschmack genau so viel zu tun wie künstliche Intelligenz mit Intelligenz) können synthetisch auch aus Hefe- oder Bakterienkulturen, Sauerkraut und aus Holz (!) hergestellt werden (Quelle: Verbraucherzentrale Baden-Württemberg). Wer's mag …*

ren, um sich so zu bestimmten Dingen eine fundierte Meinung bilden zu können. Unsere long-distance-Opis und -Omis standen mir jedenfalls in den paar Tagen, wo sie nicht gerade Ansichtskarten aus Maspalomas oder Alcudia schickten, immer gerne umfassend Rede und Antwort. Und wenn ihre Meinung gerade mal nicht gefragt war, zogen sie sich keineswegs eingeschnappt in ihr Schneckenhaus im heimischen Schrebergarten zurück, sondern versorgten uns gütlich mit zur Jahreszeit passenden Paketen, die allerlei Dinge enthielten, die wir zwar meistens schon hatten, aber zumindest gut weiterverschenken konnten. Das erspart einer viel beschäftigten Papa-Mutti viel unnötige Besorgungsrennerei. So stellt man sich ideale Großeltern vor: selbstständig, selbstsicher, selbstlos.

Doch kommen wir auf einige besonders relevante Erziehungs-, Ernährungs- und Gesundheitsfragen zurück, die mich als verantwortungsbewussten Familienversorger immer wieder beschäftigten ... – hier einige Beispiele zu besonders wichtigen Fragen:

Beispiel 1: Was tun bei Erkältung? Mögliche Lösungen:
«Gib deinem Sohn *mehr* zu trinken – Schnupfen-Viren müssen radikal ausgeschwemmt werden.»

Eine Bekannte

«Gib deinem Sohn *weniger* zu trinken –
Schnupfen muss ausgetrocknet werden.» [3]

Eine (andere) Bekannte

Beispiel 2: wie richtig ernähren? Mögliche Lösungen:
«Prima, dass ihr so viel Salat esst – der hat enorm wichtige Kinder-Vitamine.»

Eine Verwandte

---

[3] *«Bei Schnupfen ist es (nicht nur) für Kinder sinnvoll, die Trinkmenge zu erhöhen – jedoch nichts Kaltes», sagt Prof. Norbert Suttorp, Infektologe an der Berliner Charité. Nur im Falle einer Lungenentzündung kann zu viel Flüssigkeit schädlich sein. (Quelle: www.gesundheitpro.de)*

«Esst *nicht* so viel Salat –
bei der Schwermetallbelastung heutzutage?!»[4]

Eine weitere Verwandte

«So ist's recht: Esst möglichst viele Kiwis –
die haben den höchsten Vitamin-C-Gehalt.»

Eine befreundete Mutti

«Bloß keine Kiwis – die lösen leicht einen Vitaminschock aus.»[5]

Eine andere befreundete Mutti

«Sofort raus aus dem Einkaufswagen mit dem Tiefkühlgemüse!
Frisches Gemüse hat die meisten Vitamine.»

Wieder eine andere befreundete Mutti

«Am besten nehmt ihr *nur Tiefkühlgemüse* –
da ist ganz klar am meisten drin.»[6]

Noch eine ganz andere befreundete Mutti

«Väter wissen nicht viel von Ernährung,
was soll man auch erwarten!»

Eine Kinderärztin auf einem Vortrag zu Kinderernährung

[4] *Ein Salatdressing mit Zitronensaft oder ein Glas Orangensaft zum Salat sind sinnvoll, denn das darin enthaltene Vitamin C bremst die Umwandlung von Nitrat zu krebserregenden Nitrosaminen im Körper (Quelle: Verbraucherzentrale Bayern).*

[5] *Der Kinderarzt Dr. med. Joachim Peitz schreibt auf www.gesundheitsberatung.de: «Einen Vitaminschock durch Kiwis kenne ich nicht, ich sehe auch keine Gefahr für Kleinkinder durch Kiwis. Lediglich durch einen möglichen wunden Po wegen der großen Menge an Fruchtsäure. Freuen Sie sich, dass Ihr Kind Obst ist.»*

[6] *Hersteller von Tiefkühlkost werben damit, dass sie ihr Gemüse erntefrisch verarbeiten und es deshalb mehr Vitamine enthalte als frisches Gemüse, das längere Zeit im Lager und/oder im Kühlschrank verbracht hat. Ob das tatsächlich so ist, hängt von verschiedenen Faktoren ab: von der Gemüse- bzw. Obstsorte, Transport- und Lagerdauer und den Lagerbedingungen, vor allem auch der Temperatur im Supermarkt (Quelle: Verbraucherzentrale Baden-Württemberg).*

Beispiel 3: die Windelfrage. Mögliche Lösungen:
«Höschenwindeln sind extrem praktisch –
die solltest du (!) unbedingt ausprobieren.»

Eine Nachbarin

«Benutzt bloß keine Höschenwindeln –
die sind so was von kratzig, dazu schweineteuer.»

Eine andere Nachbarin

«Eher geht ein Kamel durch ein Nadelöhr,
wenn man es vorher einfettet.»

Ein ganz spezieller Nachbar

Tja, irgendwie kompliziert für einen halbwegs normal tickenden Mann mit relativ frischem Vaterpass, aber ohne Ökotrophologiestaatsexamen. Also hörte ich mir alles interessiert an und gab vorsorglich allen Recht («Jaja»), schließlich wollte ich es mir mit niemandem a priori verderben. Dann befragte ich meine (Schwieger-)Eltern, danach Simi (um ihn ging es ja schließlich – er signalisierte auf *seine* Art mit Grimassen sein Einverständnis oder seine Ablehnung), und am Schluss machte ich es wie good old Frankie Sinatra bzw. sein Epigone Jon Bon Jovi: «My heart is like an open highway/like Frankie said, but I did it my way.» Belassen wir's dabei.

Sooo einfach kann sich Vatersein gestalten – schlicht und einfach das Bauchgefühl anzapfen! Das war die Lösung für diverse Versorgungs-, Ernährungs- und Päppelungsfragen.

So viel zu *my way* an dieser Stelle. Mein nächster Weg sollte mich mal wieder zu unserer Kinderärztin führen (aber *nicht* wegen Ernährungsfragen!). Außerplanmäßig. Wat mut, dat mut …

Sechzehn Monate

Hilfe, mein Kind spricht Türkisch!

Was ist an Babys oder Kleinkindern eigentlich so faszinierend? Warum verspüren selbst hartgesottene Staatsanwältinnen ein eigenartiges Ziehen in der Herzgegend, wenn sie an einem Geschäft für Babymoden vorbeikommen? Weshalb werden sogar Fleischerpranken beim Umfassen eines kleinen Winzlingzehs streichelsanft?

Meine Antwort: ihre engelsgleiche Unschuld. Mit erwartungsfroh blinkenden Kulleraugen und ihrem absichtslosen Lächeln lassen uns Babys dahinschmelzen wie Butter in der Sonne.

Einer der schönsten Momente im Leben einer jeden Mutter ist es zweifellos, wenn ihr Kind zum ersten Mal «Mama» sagt. Meist findet dieses große Ereignis lehrbuchmäßig zwischen dem 10. und 13. Monat statt. Simi indes ließ uns schlappe 16 Monate zappeln, ehe er sich bequemte, erste unsichere Gurgellaute zu formen. Andere gleichaltrige Kinder plapperten da schon munter drauflos, intonierten imponierende Zusammensetzungen: «mamamama», «mimimi» oder «momomo», so in der Art. Simon indes präferierte eher unkoordinierte Umlaut-Vibrantensilben wie «rürüü, ürürürü, ürürürü, üglü, üglü», wobei er das «r» derart vorderorientalisch röhrte, dass ich mich allen Ernstes fragte, wo er das wohl gelernt hatte. Jedenfalls nicht bei mir.

Im Angstzentrum meines patriarchalischen Spatzenhirns – wie Liane meinen Denkapparat ab und an liebevoll-scherzhaft nennt – schrillten sämtliche Alarmglocken. Was machten wir falsch? War jenes abstrakt-fröhliche Gegurre eine Folge unseres exzessiven Schnullergebrauchs? Überforderte ich ihn mit meinen extralangen Vorlese-Einheiten? Oder war das gar die verspätete Strafe dafür, dass ich meine Schüler jahrelang mit phonologischen Feinheiten gequält hatte? Liane nahm das alles von der witzigen Seite («typisch

Sohn eines Linguistik-Junkies») und amüsierte sich köstlich, dass Simon das Alphabet von hinten aufzäumte.

Ganz anders die konsultierte Kinderärztin. Frau Dr. Beierl-Koreimann ließ ihre hochmodische Randlosbrille leicht nach unten rutschen, legte die Stirn in Sorgenfalten und zog kritisch ihre vollen Augenbrauen hoch. Ihr Blick sagte alles: ‹Was soll denn anderes rauskommen, wenn der Vater versucht, Mutti zu spielen?›

> «Wenn man keinen guten Vater hat,
> so soll man sich einen anschaffen.»
> *Friedrich Nietzsche*

Doch sie gab sich professionell-diplomatisch: «Sprechen Sie doch selber mal ein wenig langsamer. Papas haben häufig nicht so das richtige Sprachgefühl für Kleinkinder …»

«Ürüüü, rürürürü, ürürürü, üglü, üglü», mischte Simon sich lautstark ein. Vorwurfsvolle Blicke von Frau Beierl-Koreimann. Und dann, nach einer kurzen Kunstpause: «Rarü, lalüli, rüra, lülal, mümümümümü.»

Simi, mein Retter! «Lülali, mümümümümü» war neu. Supü! Bestand am Ende doch noch Hoffnung? Die heilkundige Fachfrau sah das wohl eher nicht so, wenngleich sie bemüht war, mir einen halbwegs guten Abgang zu verschaffen: «Für einen Mann ist das alles ja gar nicht so einfach. Aber ich bin sicher, Sie geben tagtäglich Ihr Bestes. Das spüre ich als erfahrene Ärztin sehr genau.»

Zum Abschied drückte sie mir die Visitenkärtchen zweier besonders fähiger Logopädinnen in die Hand und kramte in ihrer Kartei nach dem nächsten kleinen Privatpatienten, bei dem sich eine ausführlichere Konsultation vielleicht eher auszahlen würde.

Wieder zurück im Auto, forderte Simi erst mal sein Recht ein, die bunten Visitenkarten auch einmal betrachten zu dürfen, dann wurde es auf dem Rücksitz auf einmal verdächtig still. Zu spät sah ich, dass er aus den Kärtchen eine lustige Pappkugel geformt hatte, die gerade unter den Vordersitz geworfen wurde. Parallel ließ er ein forderndes «mümümümümü, uäääh, uääähhh» erschallen.

Ich reichte ihm ein kaltes Fenchelteefläschchen an, dessen Sauger er grausam-zufrieden mit seinen Haifischzähnchen traktierte. Und ich? Ich ließ ich mich weiterhin von Selbstzweifeln quälen.

※

Wochen später dann das kaum noch für möglich Gehaltene: Simi fing tatsächlich mit kleineren Wörtern an. Allerdings stotterte er sich dabei einen zurecht, dass man sich die Ohren zuhalten musste. Wenn er zwischen den Stimmlippen die Vokale experimentell hin und her wälzte, klang das wie ein bekifftes Nachtgespenst: «Hu-hu-hu-hu-hu-ber», «ü-ü-ü-ü-ü-ü-ü-ü-ber». Verzweifelt wühlte ich mich durch alle in unserer Gemeindebibliothek vorrätigen Fachbücher zum Stotterphänomen – und gewann drei Erkenntnisse:

Nummer eins: ‹Ein Kind ist kein Automat, in den man einwirft und der dann etwas auswirft, sondern eher wie ein Feuer, das zur rechten Zeit entzündet werden will oder aber sich selbst entzündet.› *Nummer zwei*: ‹Ein Kind lernt schneller zu reden als ruhig zu sein› (Sprichwort aus Norwegen). *Nummer drei:* Ein Logopäde oder Kinderpsychiater war so ziemlich das Letzte, was Simi nötig hatte. Das Einzige, was er brauchte, war Zeit. Zudem einen etwas geduldigeren Sprachoberaufseher, nicht mehr und nicht weniger. Ich bin ok, du bist ok, alles ist ok. Okay?

In den nächsten Monaten ordnete sich Simons Buchstabensalat erstaunlicherweise von selbst ganz ohne externen Support. Hätten Sie das für möglich gehalten? Tja, Anfängerglück – braucht man gelegentlich.

Siebzehn Monate

«Papas müssen draußen bleiben!» –
Mutter- & Kind-Stellplätze

Weihnachtseinkäufe schon erledigt? Zu früh ist es dafür nie, *nach* den Feiertagen ist *vor* den Feiertagen, Schnäppchenzeit ist sowieso immer, und der Einzelhandel braucht dringend Belebung in diesen wirtschaftlich schwierigen Zeiten. Allerdings pflege ich meine Einkaufslokalitäten stets sehr subtil auszuwählen, um ja nicht irgendwo hineinzugeraten, wo ich von zu kalt eingestellten Klimaanlagen tief gefroren werde und mit Schnupfnase wieder rauskomme. Als Mutti kann ich es mir einfach nicht leisten, krank zu sein.

Wir drömelten gemütlich im knallroten Einkaufsfeuerwehrwagen durch die neongrell erleuchteten Gänge des adventlich geschmückten metropolitanen Shopping-Centers, da hatte ich plötzlich eine Erscheinung: Nosferatus Witwe im fat-for-fun-Look. Quadratische ein Meter vierzig groß, weiß gepudertes, bebrilltes Gesicht, Typ verkniffene Lustbremse. Ihr erhobener Weißwurstfinger triumphierte feist:

«Ha! Erwischt, *junger Mann*! Sie haben draußen auf dem Mutter- & Kind-Stellplatz geparkt! Können Sie nicht lesen?»

Also, so verlegen bin ich nie gewesen – um es mit dem guten Goethe zu sagen. Dem «jungen Mann», immerhin schon 43 Lenze auf dem bandscheibengeschädigten Buckel und mehr graue als braune Haare auf dem Kopf, fehlten die Vokabeln: «Äh, lesen ... wie meinen Sie ... ich hab mal Legastheniekurse gegeben ...»

Sie (*lauter*): «Fahren Sie das Auto weg oder nicht?»

Diplomatie ist die Kunst, mit hundert Worten zu verschweigen, was man mit einem einzigen Worte sagen könnte. Vermutlich hätten *Sie* an meiner Stelle ganz einfach geschwiegen oder mit einem simplen Augenblinzeln gekontert, um anschließend ihren Einkauf fröhlich pfeifend fortzusetzen. Ich kann das nicht, denn ich bin ein halbwegs normaler Mann ohne Diplomatenpass und schon rein genetisch auf Konfrontation getrimmt.

«Mit Verlaub, nö!», bockte ich und blieb betont ruhig. Mit sperrigem Einkaufswagen und quengelnder eineinhalbjähriger Begleitung ist Papa-Shopping kaum weniger herausfordernd als für Mamas. Auch als Männer-Mutti verfüge ich nur über zwei Arme und fünf Finger an jeder Hand. «Ich bin ja nicht alleine hier, wie Sie sehen», erklärte ich.

«Sie haben mich wohl nicht verstanden?» Sie betonte jedes Wort. «Wenn Sie so uneinsichtig sind, sehe ich mich gezwungen, die Geschäftsleitung zu informieren, *junger Mann.*»

Man lebt nicht mit vollkommenen Menschen, man muss die Menschen nehmen, wie sie sind. Feuerwehr-Simi, der instinktiv spürte, dass irgend etwas nicht normal lief, stemmte sich in seinem Einsatzwagen hoch, um mir beizustehen, seine Gesichtsfarbe verfärbte sich mal wieder bedenklich rot. Ein untrügliches Vorzeichen für eine unmittelbar bevorstehende Kakophonie. Letzte «Ausfahrt» zum Entsteigern!

Entschlossen wendete ich den Tross und steuerte den nächsten Würstchenstand an, um Choleri-Simi mit einem Thüringer Phosphatstäbchen zu besänftigen. Das funktionierte erfahrungsgemäß immer und verfehlte auch diesmal seinen Zweck nicht. Ich machte drei Kreuze, dass wir die Diva abgeschüttelt hatten. Als wir nach einer guten Stunde und diversen kulinarischen Unterbrechungen unseren Rundkurs mit allerlei Weihnachtseinkäufen beendet hatten und zum Parkplatz zurückkehrten, klemmte ein Zettel am Scheibenwischer:

«*EGOISST*!!! (genauso geschrieben) *Hallo ‹Mutti›! Deine Autonummer ist im Zentralregister der Geschäftsleitung gespeichert. Im Wiederholungsfall wird sofort abgeschleppt. Die Kosten trägst du.*»

Zentralregister!?

Natürlich hatte mein kleiner firefighter längst überrissen, dass der Schrieb mich anfuchste – *vor allem ärgerte ich mich über den Rechtschreibfehler, so etwas macht mich manchmal fuchsteufels-*

P

Mutter mit Kind

Wer als Papa mit Kind hier parkt, sollte sich nicht wundern, wenn er sein Auto bei der Abschleppsammelstelle auslösen muss.

wild! – und ich diesem weit mehr Aufmerksamkeit widmete als ihm. Er fing wie am Spieß zu brüllen an, was das Interesse zahlreicher Passanten auf sich zog. Krethi und Plethi drehten sich um und hielten Maulaffen feil.

«Nein, das ist keine Kindesentführung, ich bin nur seine Mutti! Claro? Das sieht doch ein Blinder mit Krückstock!» (oder so ähnlich), blökte ich in die gaffende Menge, klickte Simis Gurt zu und jagte unser Auto quietschend um die Ecke. (Zu allem Überfluss touchierte ich mit dem rechten Vorderrad den hier extra erhöhten Bordstein, so dass sich die Spur verzog und ich jetzt immer leicht nach links lenken musste, um geradeaus zu fahren). Im Rückspiegel sah ich noch, wie zwei besonders aufmerksame Beobachterinnen meine Autonummer notierten. Für alle Fälle. Oder für XY ungelöst …

Manch einer wird die Problematik banal finden: Ach, halten Sie das Maul mit Ihren blöden Mutter- & Kind-Stellplätzen, Millionen Menschen haben nichts zu essen, die Weltwirtschaft schmiert ab, Krebs ist immer noch nicht besiegt – und Sie labern uns hier mit Ihren albernen Schildern und kleinkarierten Statements zu. Sie haben ja sooo Recht, ich bin in bestimmten Punkten wirklich manchmal etwas übersensibel. Immer gewesen. Verdammt schwierig abzulegen, aber ich arbeite dran.

Hyperpeinlicher Abgang. Warum hatte ich mich so gehen lassen? Einmal entsandt, fliegen die Worte unwiderruflich darin. Aber gelaufen ist gelaufen. Mein fester Vorsatz für die nächste Woche: gelassener bleiben, Testosteron hin, Androgene her …

Ich drehte das Radio laut auf, um mich abzulenken, doch es ließ mir keine Ruhe. War da nicht eine Polizeistation gewesen?

Ich drehte um, schwang mich aus dem Auto (Simon durfte sitzen bleiben) und brachte mein Anliegen vor. Die Antwort des jungen Gesetzeshüters kam wie aus der Pistole geschossen: «*Jeder Betreiber eines privaten Parkplatzes kann über die StVO hinaus eigene Regeln aufstellen. Handelt es sich um Parkplätze mit Automaten mit dort angebrachten AGBs, die Sanktionen für die unsachgemäße Benutzung solcher Parkplätze vorsieht, kann abgeschleppt werden. Zu Lasten des Halters.*»

So weit die kompetente Aufklärung. Nachsatz: «*Hoffentlich werde ich nie irgendwohin gerufen, wo Sie gerade parken. Dann hätte ich echt einen Gewissenskonflikt, denn ich kann Sie persönlich verdammt gut verstehen. Väter sind ja auch nur Menschen.*» Er deutete auf den Schreibtisch, wo ein Foto seiner beiden Kinder stand. Aha, alles klar.

Klassischer Fall für die Antidiskriminierungsstelle der Bundesregierung, die ich zu Hause sofort anschrieb! Ich weiß, dass es meinem Blutdruck schadet, aber an sowas kann ich mich festbeißen wie ein ausgehungerter Bullterrier …

*

Als wir abends das tagsüber Geschehene zusammenfassten, wie Simi und ich dies neuerdings jeden Abend zu tun pflegten, wurde uns beiden klar: Dies war mal wieder einer dieser besonderen Tage gewesen, die auf jeden Fall in unseren gemeinsamen Memoiren Erwähnung finden und an den wir uns noch in 30 Jahren milde lächelnd zurückerinnern würden. Simon bestand darauf, vor dem Schlafengehen noch kurz ein Einkaufszentrum aus Lego-Duplo-Steinen zu bauen. Vor den Eingang platzierte er ein Stopp-Schild. Auf meine Frage, was es damit auf sich habe, antwortete er: «Da Platz Papa – *nur* Papa. Pa-pa-bla-bla.»

Geschafft wie er war, tauchte er schon während des ersten Vorlesebuchs («Bodo Bär kauft ein») ins Reich der Shoppingalpträume ein, noch im Schlaf wild umherzuckend. Bevor ich selber unter die Bettdecke kroch, schickte ich der Geschäftsleitung noch eine freundliche Stammkunden-Hinweis-Mail mit der Bitte, ob gewisse Parkplätze nicht geschlechtsneutral umbenannt werden könnten. *No reply bis dato.*

O Deutschland, deine Schilderwälder! Übrigens: Einschlägige Parkzonen nennen sich in Spanien «aparcar el bebé», in Frankreich «stationner bébé», in England «baby parking», in Italien «bebé parcheggio» – also «Kinderparkplatz». Punkt. Und gut.

AK-Beauftragte, bitte übernehmen Sie …

Auf meine Anfrage zu Mutter- & Kind-Parkplätzen an die Bundesregierung schrieb mir die Antidiskriminierungsbeauftragte aus Berlin:

Sehr geehrter Herr Dr. Ehmann,

Ungleichbehandlungen wegen des Geschlechts sind im allgemeinen Geschäftsverkehr, wozu auch die Bereitstellung von Privatparkplätzen zählt, grundsätzlich verboten (vgl. § 19 AGG).

«Männer und Frauen sind gleichberechtigt. Der Staat fördert die tatsächliche Durchsetzung der Gleichberechtigung von Frauen und Männern und wirkt auf die Beseitigung bestehender Nachteile hin.»
Artikel 3, Satz 2

Nur aus sachlichen Gründen ist eine Differenzierung wegen des Geschlechts zulässig. Ein sachlicher Grund für die Ungleichbehandlung als Mann erschließt sich hier nicht. Insbesondere greift hier nicht der gesetzlich vorgesehene Rechtfertigungsgrund des § 20 Abs. 1 S. 2 Nr. 3 AGG. In Ihrem Fall dürfte ein Interesse an der Durchsetzung der Gleichbehandlung bestehen.

Ich habe daher Ihr absolut berechtigtes Anliegen aufgegriffen, um bei der Gleichstellungsabteilung des Bundesministeriums für Familie, Senioren, Frauen und Jugend anzuregen, diese Thematik familienpolitisch aufzugreifen und entsprechend umzusetzen.

Mit freundlichen Grüßen

Antidiskriminierungsstelle des Bundes
11018 Berlin
Tel.: 03 018/555– ▮▮▮
Fax: 03 018/555– ▮▮▮

Kompliziert? Gar nicht. Inzwischen läuft die entsprechende Gesetzesinitiative … und läuft. Wohin? Dahin, dass die anachronistischen Mutter- & Kind-Stellplätze allerspätestens dann Historie sein werden, wenn Simi vielleicht selber mal einen Kinderwagen samt Inhalt durch Einkaufsschluchten wuchtet – bis dahin dürfte die Initiative sämtliche parlamentarischen Hürden übersprungen haben. Vielleicht klappt es aber auch schon zur 4. Auflage dieses Buches, wer weiß …

Übrigens: Als erste deutschsprachige Metropole hat die Stadt Wien 2007 sämtliche Mutter-Kind-Schildchen in der U-Bahn gegen Vater-Kind-Wapperl ausgetauscht. O tu felix Austria. Und sie bewegt sich doch …

Neunzehn Monate

Männertrip nach Malle

«Achtung, Achtung! Letzter Aufruf für die Passagiere Herrn Hermann Ehmann und Herrn Simon Ehmann, Flug-Nr. 3527 nach Mallorca. Bitte kommen Sie unverzüglich zu Ausgang 34! Achtung, letzter Aufruf ... der Flug wird in Kürze geschlossen!»

O weh! Erst hatten wir ewig auf der Toilette herumgetrödelt – «Herr Simon Ehmann» hatte einen feuerwehrschlauchähnlichen Rundumspritzer gelandet und ich musste minutenlang aufwischen –, dann konnte er sich von dem leuchtend grünen Polizei-Spielauto mit Bob der Baumeister-Aufkleber in der Wartezone nicht losreißen, und jetzt lümmelten wir schon stundenlang (so kam es mir jedenfalls vor) im überaus bequemen Leseliegesessel der airport-Buchhandlung, schmökerten im vierten Wimmel-Buch und konnten uns nicht entscheiden. Die Boarding-Time hatten wir total verdrängt. Jaja, Sie haben vollkommen Recht: Wegen solcher Idioten wie uns kommen immer wieder hunderte erholungsbedürftige Menschen zu spät an ihren Urlaubsort!

> «Wo die beiden Ehmänner sind, klappt nichts. Doch sie können nicht überall sein – welch ein Glück für den Rest der Welt.»
> *Ein Bekannter*

Nun aber schnell! Rasch warf ich die eselsohrgeschädigten Bilderbücher ins Regal zurück, packte Simi am Handgelenk und bugsierte ihn in Richtung Sicherheitskontrolle, wo es aus allen Rohren und Schleusenlautsprechern lautstark piepste.

«Papa, die fliegen ohne uns!» Erstaunlich, wie schnell er plötzlich laufen konnte. Ich hatte Mühe, ihm zu folgen.

Wir drängten uns vor, wurstelten Rucksack samt Kleingeld und Schlüssel in den überfüllten Röntgentunnel und zwängten unsere athletischen Körper zeitgleich durch die Schleuse.

«Piep!» Bitte nein.

«Gürtel und Schuhe ausziehen. Der Kleine auch!» Die schätzungsweise 1,20 Meter breite Sicherheitsdame grinste sich eins.

«Piep, piep.»

«Wir haben es supereilig», wandte ich lautstark ein. «Unser Flug wird geschlossen.» Simi trötete ohrenbetäubend mit seiner Trillerpfeife.

Zwei Polizisten, die den Ausgang absicherten, wurden aufmerksam und schauten interessiert zu uns herüber.

Aufreizend langsames Abtasten. Das Personal hatte alle Zeit der Welt.

«Bitte, machen Sie rasch! Wir verpassen unseren Flieger», zischte ich der Kontrollfrau verschwörerisch zu, die mit ihren Raucherzähnen genüsslich einen Riesenkeks – oder war es ein Kaugummi? – durchwalkte.

«In der Ruhe liegt die Kraft.»

Die Breitband-Uniformdame hatte leicht reden, sie musste ja nicht durch die Schleuse (Im Stillen fragte ich mich, ob sie da überhaupt durchgepasst hätte). Wir legten ab, machten die Runde nochmals und verloren wertvolle Zeit. Immerhin, jetzt piepste nichts mehr. Doch die Kontrolleurin hielt meinen Ausweis zurück. «Einen Moment noch!»

«Was ist denn noch?», fragte ich verärgert, während Simi neben mir zappelte wie ein 100-Meter-Sprinter unmittelbar vor dem Startschuss und nonstop trillerte. Die Stewardessen sprangen bestimmt schon im Achteck.

Die Dame winkte die Polizisten heran und hielt ihnen meinen Ausweis hin: «Sehen Sie mal ... Seltsam, nicht?»

Die Beamten studierten aufreizend langsam, wie es mir schien, das leicht verknitterte Dokument, musterten mich. Blickwechsel. Ungläubiges Stutzen.

«Sie reisen alleine mit dem Kind *ins Ausland!?*», sagte der jüngere. War das nun eine Feststellung oder eine Frage?

«Nö, nur mal eben kurz nach Malle. Männer-Trip, Sie verstehen?» Ich zwinkerte den Beamten in bewährter Jack Nicholson-Manier zu, hatte dabei aber unvorsichtigerweise außer Acht gelassen, dass sie ja keine Frauen waren.

Die Polizisten sahen sich fragend an, schienen etwas unschlüssig. Wahrscheinlich hatten sie es nicht alle Tage mit derartigen Vögeln wie uns zu tun.

«Also doch allein ins Ausland», stellte der Frager nach einer Weile, die mir endlos lange vorkam, fest.

«Was ist daran so Besonderes?»

«Beantworten Sie einfach seine Frage.» Das war jetzt der ältere.

«Ja, wir reisen allein. Okay?»

«Das ist nicht üblich», klärte der jüngere auf. (So wie er das sagte, klang es wie: «Das ist nicht erlaubt.»)

«Nicht üblich?» Mir stockte der Atem. «Also, wir müssen aber wirklich ganz dringend …»

«Sie müssen erst mal gar nichts. Warum ist die Mutter nicht dabei?»

Ach bitte! Sollte ich an dieser Stelle wirklich unsere ganze Familiensaga ausbreiten? Dass ich seit annähernd zwei Jahren als Papa-Ersatzmutti agierte? Dass wir auf Malle Opa besuchen und dort einen Drei-Generationen-Männerurlaub mit flotten Strand-, Tennis- und Spielplatzpartys planten? Ich entschied mich für die unverdächtige Variante:

«Unsere Mama hat erst mal keinen Urlaub bekommen, sie kommt aber in zwei Tagen nach. Wo ist denn das Problem?»

«Das Problem, wie Sie es nennen, ist, dass es leider immer wieder vorkommt, dass Kinder von ihren Vätern entführt werden …»

O nein! Was konnte uns jetzt noch helfen: ein Triebwerkschaden, ein Komplettausfall der Funkanlage, ein Generalstreik der Fluglotsen, ein plötzlicher Migräneanfall des Kapitäns, eine Harnblasenentzündung des Copiloten? Ich sah den Flieger endgültig ohne uns abheben, doch ich wagte noch einen letzten Versuch. «Ich bitte Sie. Sehe ich vielleicht so aus, als ob …? Fragen Sie doch den Kleinen!»

«Wir unterstellen nichts, müssen aber den Sachverhalt klären. Außerdem hat der Junge keinen eigenen Ausweis, er ist nur bei

Ihnen eingetragen. Normalerweise hat *kein* Vater das Kind in seinem Ausweis.»

«Bei uns ist das anders. Wie so vieles», versuchte ich es mit Galgenhumor. Sinnlos. Da kam Simi die rettende Idee. «Mama anrufen!»

Die Beamten reichten mir – freundlicherweise, denn selbstverständlich ist in solchen Situationen gar nichts – ihr Diensthandy. Ich klingelte durch und betete, dass Liane nicht gerade in einer Vorstandsbesprechung war. Sie ging sofort ran – puuhh! –, ich reichte den Hörer kommentarlos weiter und vermochte angesichts des Anpfiffs, den der Staatsdiener jetzt zu hören bekam, ein Lächeln kaum zu unterdrücken. Boaeeey!!! Innerhalb weniger Sekunden gaben sich die berufsmäßigen Aufpasser betont freundlich, der jüngere kniff Simi sogar kumpelhaft in die Backe, was dieser mit einem drachenähnlichen Fauchen quittierte.

Ich bückte mich, zog Simis Klettverschluss zu und flüsterte. «Hopphopp, alle Mann an der Start. Auf die Plätze, fertig, los. Wer ist schneller?»

Wie gedopte Olympioniken wetzten wir los und schafften es mit zwei gekonnten Augenaufschlägen tatsächlich noch, dass die stinksaure Bodenstewardess den «geschlossenen Flug» nochmals aktualisierte, unser bereits ausgeladenes Gepäck wieder einladen und uns an der front-door einsteigen ließ. Begleitet von vorwurfsvollen Blicken der anderen Passagiere fielen wir erschöpft auf die letzten freien Sitze direkt über dem Triebwerk. Der Vogel hob ab. Nichts wie weg. Buenos tardes, isla bonita!

Fünf Minuten später schnarchte Simi neben mir, übertönte beinahe die Motoren und verschlief sogar sein Lieblingsessen: Spaghetti Napoli. Als verantwortungsvoller Ernährer füllte ich die Portion in eine Tupperbox und quetschte sie in den Rucksack, eine eiserne Reserve kann nie schaden.

*

Was lernen wir aus diesem Erlebnis? Vor allem zwei Dinge. *Erstens:* Väter, die alleine mit Kind ins Ausland reisen, sind per se verdächtig (daher immer die telefonische Erreichbarkeit der Mutter sicher stellen). *Und zweitens:* Auf unsere Polizei ist Verlass. Das beruhigt. Prinzipiell zumindest.

Kurz vor dem Landeanflug checkte die Chef de cabin unsere Sicherheitsgurte, dabei zog sie Simis Gurt nach und fragte: «Na, kleiner Mann, wo hast du denn deine Mami gelassen?»

Simi grinste sie herausfordernd an und warf mir einen «Diese Saftschubse checkt ja überhaupt nix»-Blick rüber. Ich verstaute gerade den Rucksack im Oberfach und griff mit der Hand in etwas Matschiges. Die Spaghettisoße hatte die Box verlassen und sich im ganzen Rucksack verteilt. Klasse! Die breiige Pampe schmiegte sich mir glibberig um die Finger samt Handgelenk. Simi juchzte und schleckte meine Finger ab. «Schmeckt gut, Papa. Noch mal … hhhmmm, lecker!»

In diesem Moment klingelte unser Handy: Mama Liane!

«Schalten Sie sofort das Handy ab!», schimpfte die Stewardess.

«Mama? Mama! Spaghetti …», schrie Simi in den soßenverschmierten Hörer.

Die anderen Fluggäste hielten sich vor Lachen die Bäuche, Hilfe freilich bot keiner an. Malle-Touris eben …

Zwanzig Monate

Pudeldame «Flocki» aus Cala Ratjada

Kennen Sie Mallorca? Nein, nicht das in die Jahre gekommene Bier-brüderbordell El Arenal mit seinen zweieinhalb Dutzend halb-kaputten Kegelbahnen. Sondern das andere Mallorca. Sóller, Santa-nyi, Esporles, die Künstlerdörfer Deia oder Arta. Hier kann man auch mit Klein(st)kindern auf seine Kosten kommen, vorzugsweise außerhalb der Hochsaison, wenn das Preis-Leistungs-Verhältnis stimmt und sofern man nicht ausgerechnet mit irgendwelchen Oligarchen der Post-Perestroika-Dynastie oder Engländern, die vorgeben, einen Premier-League-Club zu besitzen, im selben Hotel gelandet ist. Während eines solches Aufenthalts auf der Sonneninsel haben wir unsere Flocki kennen (und lieben) gelernt.

Manche Tierfreunde überführen ja ehrenamtlich misshandelte Strandhunde von der Balearenmetropole nach Deutschland, um sie gesund zu pflegen. Ich kann Sie beruhigen: Flocki ist kein leben-des Exemplar aus der Spezies der Kläffer und Beißer, vielmehr han-delt es sich bei ihr um eine piekfeine Knutsch-Plüschpudeldame mit weißlichem Zottelfell und zwei blassrosa Stoffschleifchen. Flocki folgt uns heute, speziell Simi, wie ein Schatten dem Licht und ist aus unserer Familie nicht mehr wegzudenken.

Blenden wir zurück: Februar 2007, Überwintern auf Mallorca, ge-nauer gesagt in Mallorcas nordöstlicher Landschaftsperle Cala Rat-jada, wo es in dieser Jahreszeit vor frühberenteten Deutschmännern und ihren Begleitköchinnen nur so wimmelt. Location: der traditio-nelle, ehemals malerische Samstagsmarkt.

Zusammen mit unserem «Tennis-Opa» (der optisch ewig junge Endsechziger spielt mindestens drei Stunden Tennis täglich und lässt dabei manchen zwanzigjährigen «Balearenchampion» alt aus-sehen – seine Lieblingslektüre: «winning ugly», verfasst von dem einstigen Schiedsrichteralptraum Brad Gilbert) und dessen Lebensgefährtin Irene hatten wir zwischen den Traumbuchten Cala Gat und Cala Guya eine geräumige Ferienwohnung nahe der «Depuradora» (= Kläranlage) aufgetan. Der Preis war für spanische Verhältnisse akzeptabel, und wenn nicht gerade Westwind war, konnten wir uns an süßlichen Akaziendüften erfreuen und würzig-frische mallorquinische Landluft in unsere ausgedörrten Städter-Lungen pumpen.

Auf Mallorca ist es lange Tradition, dass samstags alles, was noch halbwegs laufen kann, zum legendären Samstagsmarkt nach Ratjada pilgert. Wer nicht rechtzeitig in eines der (kaum noch vorhandenen) Einheimischen-Cafès flüchtet, findet sich in einem Getümmel wieder wie im Augustinerzelt am letzten Oktoberfestsamstag; lediglich die traditionelle Blasmusik ist hier durch eine seichte Enrique Iglesias-Dauerbeschallung ersetzt. Unsere Frauen (Mama Liane war nachgereist) liefen ob der zahllosen Tücher, Hemden und Hosen, die an diesem Tag alle mit Superschnäppchenpreis verkauft wurden, zu Höchstform auf. Schon nach wenigen Minuten ähnelten sie Mulis, lehnten aber standhaft jegliche Hilfe ab. Weibliche Einkaufsehre? Plötzlich hatte ich ein wildes Kläffen im Ohr.

Eine ältere, ca. 1,40 Meter große Händlerin war neben ihrem Stand hervorgeschossen und hielt mir mit ausgestrecktem Arm und gutem Gespür für ein bevorstehendes Geschäft einen oberkitschigen Stoffhund direkt vor meine rot gebräunte Nase. Simi, der gerade einige Meter weiter zu spanischen Folkloreklängen eine von umstehenden Señoras viel beachtete Tanzeinlage gegeben hatte, schielte schon herüber. Ihre Blicke trafen sich.

Ich winkte ab. Wir brauchen wirklich kein weiteres Stofftier in unserer Sammlung, das dürfen Sie mir glauben. Verzweifelt dachte ich an die zu Hause gebliebene Familie der Kuscheltiere, die es zu Simis Bedauern nicht mehr in den Koffer geschafft hatten. Und *wenn* wir wirklich noch Zuwachs bekommen sollten, dann bitte nicht von dieser rosa-beschleiften Pudeldame, die aus der Ferne wie Shaun das Schaf aussah und frisurmäßig unserer ehemaligen 80-jährigen Nachbarin zum Verwechseln ähnlich sah.

«Oh, ist der Hund süß!», frohlockte Irene, noch ehe Simon seine Begeisterung kund tun und ich irgend etwas sagen konnte. Sie kuschelte das plüschige Etwas beherzt an ihre großmütterliche Brust, Simi kam mit leuchtenden Augen und diesem «Den will ich unbedingt haben»-Blick herbeigetänzelt. Ich spürte, dass ich hier klar den Kürzeren ziehen würde und besann mich auf den Ratschlag eines ehemaligen Klassenkameraden (seines Zeichens fünffacher Vater), der mir einst sagte: «Hermann, man kann sich nicht immer durchsetzen, konzentriere dich daher auf die wirklich wichtigen Dinge.»

Schon hörte ich Irene fragen: «Quanto cuesta?»

Ein weit überzogener Obulus für das fleischlose Zamperl war schnell entrichtet, die Plüschpudeldame damit unabdingbar unsere.

> Steht ein Pudel auf der Straße und sieht einen Basset
> im zweiten Stock. Ruft der Pudel: «Komm, lass uns eine Runde
> um die Häuser ziehen.» Darauf der Basset: «Geht nicht,
> ich bin alleine zu Hause und komm nicht raus!» Der Pudel:
> «Komm, spring runter!» Der Basset: «Bist du verrückt, ich
> will doch nicht aussehen wie du!»

Nun braucht jedes zivilisierte Lebenwesen natürlich einen Namen. Das einfachste wäre zweifellos gewesen, den an der Seite aufgenähte Rufnamen zu übernehmen: «Bernine». Doch wer will schon so heißen? Würden Sie vielleicht einen Stoffhund für Ihr Kind *so* benennen?

Wer auf «Flocki» kam, weiß ich nicht mehr, sicher ist nur, dass Simi und Flocki in der Folgezeit ein symbiotisches Verhältnis eingingen. Sogar in der Badewanne leistete das tapfere Vieh ihm Gesellschaft, obgleich Simi ihr mit der Bürste permanent grausam übers Zottelfell rupfte. Wenn es arg zupfte, jaulte und schrillte Flocki mit Simis Stimme so grell, dass ich Mitleid bekommen hätte, hätte ich nicht genau gewusst, dass kein Tropfen Blut unter dem zotteligen Fell floss.

Ach ja, noch etwas am Rande: Flocki hat zwei ganz und gar unweibliche Unarten. Sie rülpst. Und sie pupst. Wie ein ungehobelter

Zwangsumsiedlung vom Sonnenparadies Mallorca in weißblaue Gefilde: Stoffpudel Flocki aus Cala Ratjada.

Kerl, der sich für den Mittelpunkt des Universums hält. Natürlich macht sie die Geräusche nicht selbst, aber Simon imitiert sie täuschend ähnlich und haucht dem Stoffknäuel damit so etwas wie Leben ein. Sobald einer von uns protestierte, nahmen sie respektive er das stets zum Anlass, noch heftiger zu rülpsen. So sind Hunde (und Kinder) eben …

✻

«Spieliii, Papaaaaaa, spieliiiiii!», hörte ich es hinter einer Düne plärren.

Ach, sollte das alberne Stofftier etwa schon ausgedient haben? Weit gefehlt. Simi hockte neben Flocki im meterhohen Sand und hielt mir sein Lieblings-Tiermemoryspiel hin. «Papa, darf Flocki mitspieli?»

Man soll Kindern ja nicht leichtfertig einen Herzenswunsch abschlagen. So spielten wir zu Dritt. Und hatten unseren Spaß. Jedes Mal, wenn Simi ein Tierpaar wusste, flüsterte er es Flocki zu, die dann nur noch mit gespitzten Pfoten (sprich: mit Simis Händen) zupacken musste.

Was soll ich sagen? Die Fluggesellschaft transportierte den neuen Passagier ohne Wenn und Aber, Flocki benötigte nicht mal einen eigenen Flugschein, sie durfte auf dem Schoß seines Herrchens sitzen. Und sie schaffte es mühelos durch die gestrenge weißblaue Zollkontrolle. Also dann … von mir aus. Manche Dinge sind eben, wie sie sind. Besonders mit Kleinkind. Und man kann sich an vieles gewöhnen …

«Nimm das alles nicht so schwer, sag doch ‹Schwamm drüber›.
Jesus ging nicht übern See, nein, er schwamm drüber,
und der Hammel steigt so gern mal übers Lamm drüber.
Willst du ein Muster auf der Butter, geh mit'm Kamm drüber.
Nimm das alles nicht so schwer, Baby, sag doch ‹Schwamm drüber›,
Honey. Das ist der ‹Schwamm drüber Blu-huuuuuuu-es›!»

Otto Waalkes

Dreiundzwanzig Monate

Schokoladige Versuchung an der Schnellkasse

Einkaufen mit Kindern ist so eine Sache. Einerseits ist ein Klein-kind wie ein Engel, dessen Flügel in dem Maße schwinden, wie ihm Beine wachsen. Dies zeigt sich insbesondere im Supermarkt, wenn das Kind mal wieder zehn Meter vorausläuft und man es gerade noch sieht, wie es gefährlich nahe am Spirituosenregal entlang-schrappt. Die hoch explosive Mischung aus Langeweile und Neu-gierde entlädt sich zuweilen in abenteuerlichen Entdeckungsreisen durch das Einkaufsparadies, und zwar meistens während man als verantwortungsbewusster Budgetverwalter darüber sinniert, wel-che Nudelsorte das beste Preis-Leistungs-Verhältnis aufweist.

Andererseits hatte ich mit Simon fast jederzeit einen hoch moti-vierten Super-Einkäufer mit Adleraugenblick für leuchtend rote Sonderangebote an meiner Seite (ein besonders angenehmer Co-Einkäufer war er immer dann, wenn er im Einkaufswagensitz eine knusprige Salzbrezel zu knabbern hatte); besonders konnte er sich für den 18er-Jumbopack Schokowaffelsticks begeistern, den er ziel-sicher vom regulären 12er-Pack zu unterscheiden vermochte. Bei jedem Einkauf wurde das entsprechende Regal zunächst anvisiert; akribisch prüfte er sodann, ob das Sonderangebot noch galt. Waren die Leckerstäbchen schon vergriffen, weil unsere Schnäppchenjä-ger-Kombattanten eben auch schon ausgeschlafen hatten, reagierte er zuweilen mit einem bis zum zwanzig Meter entfernten Milchre-gal anhaltenden Tobsuchtsanfall. Meistens blieb er jedoch absolut ruhig im Einkaufswagen sitzen – außergewöhnlich für Kinder sei-nes Alters, wenn ich die unserer Bekannten als Vergleichsmaßstab heranziehe (was ich bei Dingen, die Simon gut machte, immer gerne tat).

Allerdings: Als ich meinen Shopping-Freak bei unserem letzten Einkauf wie gewohnt in den Kindersitz des Einkaufswagens setzen wollte, schrie er «Nein». Also gut, dann sollte er halt frei laufen. Als ich ihn daran zu hindern trachtete, das Regal mit den Zeitschriften leer zu räumen, brüllte er «Neinnein». Als ich ihm ruhig erklärte, er solle die Knusper-Schokobrei-Familienpackung ins Regal zurückstellen, kreischte er «Neinneinnein».

Was war denn heute nur los? Ich rutschte fast auf einer Dose Haarspray aus, die ihm auf den Boden gefallen war, mir riss der Geduldsfaden: «Donner und Doria. Komm sofort her, oder ich hole dich eigenhändig!», brüllte ich in leichter Abwandlung von Schillers «Verschwörung des Fiesco» (I, 5).

«Nein», sagte er stoisch ruhig. Und: «Hunger, Papa!»

«Gehen Sie in Ihrem Supermarkt einkaufen. Nehmen Sie etwas mit, was einem Kleinkind am nächsten kommt – eine ausgewachsene Ziege wäre perfekt. Wünschen Sie sich mehr als ein Kind, dann nehmen Sie mehr als eine Ziege mit. Erledigen Sie Ihren Wocheneinkauf, ohne die Ziege aus den Augen zu lassen. Zahlen Sie für alles, was die Ziegen gefressen und verwüstet haben.»

Steve Biddulph

Mir reichte es, ich packte die wild protestierenden 14,5 Kilogramm und setzte sie etwas unsanft in die Mitte des Einkaufswagens. Millisekunden später richtete er sich auf, langte mit der ausgestreckten Hand nach einer in Griffhöhe angebrachten Cracker-Tüte, bekam das Übergewicht und machte einen durchwegs eleganten Abflug aus dem Wagen aufs Linoleum. Satte Kopf- und Genicklandung.

Innerhalb von Sekunden bildete sich eine walnussgroße Beule an seinem Hinterkopf. Mannomann, so ein Hörnchen hatte ich noch nie gesehen. In diesem Moment fühlte ich mich als einsamster Mensch auf der Welt. In Windeseile lief ich zur Tiefkühltheke, krallte mir eine Tüte Pommes und kühlte damit die Ausbuchtung reichlich semiprofessionell, aber doch medizinisch korrekt. Sein Gekrähe betäubte sämtliche Ohren der Supermarktkundschaft, seine Lippen waren vor Anstrengung längst blau gefärbt. Vermutlich hatte er einen tierischen Brummschädel, aber ein Gutes hatte die Sache zumindest: Er blieb jetzt sitzen. Einige Meter weiter am Obstregal erspähte ich eine ältere, allein lebende Nachbarin, die verstohlen zu uns herüberschielte. Ob Frau Luidl den gewagten Salto mortale beobachtet hatte? Hoffentlich erzählte sie nicht alles brühwarm Liane! Ich winkte ihr leicht verkrampft zu, versuchte ein möglichst unbeschwertes Gesicht aufzusetzen und schob zügig weiter in Richtung Ausgang.

Wir inspizierten noch kurz das Obstregal und pickten uns wie gewohnt die besten Mandarinen raus, als Simi plötzlich interessiert nach allen Seiten schnupperte – sein Kopfschmerz hatte gottlob schon wieder nachgelassen, er war durchaus hart im Nehmen – und wie aus heiterem Himmel sagte: «Papa, das riecht hier streng.»

«Ich rieche nichts, höchstens etwas Zigarettenrauch.»

Simon zeigte auf den etwa anderthalb Meter entfernten Mann an der Bananenkiste und sagte so laut, dass man es noch in fünf Metern Entfernung hören konnte: «Doch, das ist der Mann da, der an den Bananen. Der stinkt.» Der ältere Einkäufer schoss empört herum und warf mir einen ärgerlichen «Können Sie Ihrem Kind denn keinen Funken Anstand beibringen?»-Blick durch seine Eulenbrille zu.

Angesichts dieser Peinlichkeit half nur die rasche Flucht nach vorne: zur Schnellkasse. Als Simon plötzlich das Schoko-Überraschungsei in der Hand hatte, wusste ich, was ich die ganze Zeit vermisst hatte: die Lautsprecheransage «*Unsere* Kassenbereiche sind süßigkeitenfrei.» Da lag sie in bequemer Kindergriffhöhe, wenige Zentimeter entfernt: *die schokoladige Versuchung* in Palettenform und blinkte uns mit prallen Kurven und dem «Nimm mich-Glanzpapier» an. Ich legte das Schoko-Ei zurück, den heftigen kindlichen Protest unbeachtet lassend.

«Kaufen Sie dem Jungen halt das Schoko-Ei!», mischte sich da die Omi ein, die – Schnellkasse hin, Schnellkasse her – vor uns ihre gesammelten Einkäufe für den ganzen nächsten Monat aufs Band quetschte.

Was antwortet man in einem solchen Fall? Dass der «arme Junge» alle EU-Gewichtstabellen sprengt? Dass unsere Kinderärztin mich ständig schief anschaut, weil wir hoffnungslose Sklaven der Zuckerindustrie sind? Oder dass sie sich lieber um Oppa kümmern sollte, der auf Krücken hinter Omma herhechelte und eine zusätzliche stützende Hand gut gebrauchen konnte?

Manchmal ist Ignorieren die beste Antwort, das hatte ich aus der Mutter- & Kind-Stellplatz-Story gelernt. Ich versuchte mir sowas wie ein überlegenes Lächeln abzuringen und entfernte die Palette demonstrativ aus Simis Sichtbereich.

Simon, völlig unbeeindruckt: «... dann halt ein Luplo ...!»

Na gut. Ich gab mich geschlagen. Soll man immer hart bleiben? Was denken Sie?

«Aber nur ein halbes.»

«Rest Mittag!» – Kurze Pause. «Für Flocki auch halbes Luplo, bitte ... *Pause* ... ein kleines Ganzes!»

Aus bzw. mit den Augen eines Kindes – Pardon: *meines* Kindes – sieht die Welt eben ganz anders aus. Sie besteht aus Schoko-Eiern, Waffelkeksen, Gummibärchen und Bratwürstchen. Und wissen Sie, was ich mich manchmal frage: Ob diese Sicht der Dinge nicht die ungleich bessere, letztlich sogar gesündere ist ...

*

Im Verlauf der nächsten Stunden reduzierte sich Simons Beule dank unseres großen Eiswürfelvorrats im Gefrierfach schnell auf Erdnussgröße, so dass ich Liane die Geschichte abends gar nicht erzählen musste. Wenn nur Frau Luidl dicht hielt! Am nächsten Tag ging Liane zum Glück früh aus dem Haus. Ende gut, alles gut? Fast.

«Papa, darf ich Ernie und Bert ...?», fragte Simi nach dem Frühstück.

«... sehen. Das heißt: Darf ich Ernie und Bert *sehen*!», ergänzte ich, ehe ich die Kassette mit der linken Hand umständlich in den Player pfriemelte, da ich mit der rechten gerade den Telefonhörer hielt (Liane hatte angerufen, um bei mir die Einkaufsbestellung für eine neue Haarspülung aufzugeben). *Sesamstraße* gehört für mich zu den wenigen Kindersendungen, die man sich auch als Erwachsener ohne bleibenden Zwischenhirnschaden ansehen kann, zumindest hin und wieder. Doch diesmal blieben uns Grobi, Elmo & Co. verwehrt, weil die VHS-Bespaßungsanlage angesichts meines morgendlich-heftigen Rüttelns am Kassettenfach spontan ihren Geist aushauchte. Aber Fernsehen ist ja sowieso ungesund für Kinder-

augen. Doch nicht alle sehen das so, schon gar nicht Herr Sohnemann.

«Neuen kaufen», forderte er trocken, «schau mal, hier Spekt
(= Prospekt)!» Erstaunlich, wie flink er vom Fernsehsofa hoch-
springen konnte. Er nahm die Beine in die Hand, rannte zum
Papiermüll und fischte ohne Zögern die Elektronikbeilage unserer
letzten Wochenzeitung heraus. Dann wühlte er proaktiv im DVD-
Schrank, bei der «Tigerente» packte er jäh zu.

«Jetzt DVD einschalten, Papa!» Ich zögerte.

«*Tigääräntää!!!!*»

Wie angenehm stressfrei sind da doch die lustigen Petzi-Abenteuer
aus der Pixi-Minibücherreihe … die gibt's jetzt gerade als Neuauf-
lage, vielleicht sollte ich die besorgen!? Oder zumindest den neuen
Steuer-Konz, bei Büchern weiß man wenigstens, was man hat …

Siebenundzwanzig Monate

Dem Finanzamt kommt's spanisch vor

Ihre feinen Spürnasen schnuppern elf Meilen gegen den Wind, wenn jemand zwei Euro fünfzig an Vater Staat vorbei verdient hat. Finanzbeamte leisten wertvolle Arbeit im Dienst der Allgemeinheit, gar keine Frage. Doch manchmal geht ihr spitzfindiger Instinkt auch mit ihnen durch, wie folgende Geschichte zeigt:

Das sommerlich kräftige Grün der Blätter war längst einem Mix in bunt gewichen. Seit Tagen regnete es ununterbrochen und wir hatten schon alles durch: Hallenbad, Bücherei, S-Bahn-Fahren, sämtliche Einkaufszentren im Umkreis von 50 Kilometern. Warum nicht mal einen Ausflug zum neu errichteten Fiskaltempel unternehmen (der vorletzte Tag der Fristverlängerung war angebrochen), dort sitzt man schön im Trockenen.

Mit (inzwischen hundertfach) geübten Handgriffen quetschte ich Simis Füße in fast neue, allerdings schon wieder zu knappe «Winnie Puh»-Gummistiefel, dann wuselten wir mit einem Bündel Formularen los, um unsere Steuererklärung abzugeben. Ich wollte schon immer mal die Menschen kennen lernen, die alles über unsere Finanzen wissen, wahrscheinlich mehr als wir selbst. Außerdem kann persönlicher Kontakt nie schaden.

Das großflächig verzweigte Wegelabyrinth im Hochglanzverwaltungspark war gut beschildert, und schon nach nur zwei Fehlversuchen klopften wir an die Tür von Herrn Gusenbauer, unserem Sachbearbeiter. Null Wartezeit – prima. Da wir kein «Herein!» vernahmen, traten wir ein. Ich grüßte freundlich, knöpfte Simis Jacke auf und reichte dem Beamten meine Unterlagen, er machte eine Handbewegung in Richtung Besucherstuhl. Simi platzierte ich vorsorglich im Buggy. (Seine Hose war verdächtig ausgebeult. Wer konnte da schon vorausahnen, wie lange die Windel noch hielt?)

Ein routinierter Blick in die Papiere, zwei auffällig lange Blicke auf die Steuerkarten. Er stutzte. Nervöses Schnaufen. Anstatt zügig die einzelnen Posten durchzugehen – Finanzbeamte sollen ja soooo überlastet sein, wie man immer hört! –, musterte der untersetzte Krawattenmensch mich ungläubig. Stirnrunzelnd raunzte er unter seiner Brille hindurch: «Und *Sie* machen *gar nichts*???»

Die Frage war zu gut, um sie mit einer Antwort zu verderben. Verlegen schielte ich zu Simon rüber, der sich in seinem Buggy wie auf Kommando verkrampfte und scheinbar ohne Grund zu knöttern anfing. Das Konzert des Lebens spielt manchmal ganz schön schräge Töne. In diesem Moment empfand ich sein anschwellendes Crescendo wie Musik. Simi steigerte sich scheinbar grundlos in einen regelrechten Schreikrampf. (Vielleicht war ihm Herr Gusenbauer nicht sonderlich sympathisch oder aber er fühlte sich von der Frage persönlich angegriffen?)

«Nun ja ... also, derzeit befinde ich mich in Elternzeit und betreue mein Kind, wie Sie ja sehen», schrie ich über den Schreibtisch, so dass Simi augenblicklich verstummte. Diesen kurzen Moment nutzte ich aus und schob ihm eine dicke Scheibe Gelbwurst zwischen die fordernd gespitzten Lippen. Relativ zeitgleich versuchte er vom Buggy aus mit seinen kurzen Armen nach Herrn Gusenbauers weißblau bewappten Kugelschreiber zu greifen, der am Schreibtischeck lag.

«Hmm, hmm. Auch nichts freiberuflich? Nein?», bohrte der Beamte ungläubig weiter. Notorisches Misstrauen. Kleinstkinder kannte er vermutlich nur vom Hörensagen. Über Menschenwinzlinge und deren 24-Stunden-Bedürfnissen war er aus eigener Erfahrung kaum hinreichend informiert, das stand fest. Vorsorglich brachte er seinen Kugelschreiber in Sicherheit; Simi hatte sich mehrfach heftig, aber erfolglos danach verrenkt.

«Nö, keine Einkünfte.»

Kritischer Blick. «Beraterhonorare?»

Berater ...was, bitte? Was glaubt die Finanzverwaltung eigentlich, wer ich bin: Piëch? Zumwinkel? Pierer? Eigentlich sollte das Ganze ein anregender Ausflug werden und kein Gang nach Canossa.

Noch ehe ich etwas Unverfängliches erwidern konnte, forderte Simon, der sich wieder halbwegs beruhigt hatte: «Papa, Hause gehen! Muss kaka.»

Ein Vater sollte von seinem Kind nie erwarten, dass es ihm Ehre macht. Trotzdem wäre ich am liebsten aus Scham unters Laminat gekrochen. Heimgehen war aber noch nicht, mein Gegenüber setzte das Verhör fort.

«Tja, tja, schon klar, man will ja nichts unterstellen, nur ... ungewohnt ist's schon. Von wegen Plausibilität und Statistik, Sie verstehen!?»

Ja, ich verstand den Mann. Für ihn war ich wohl die erste Männer-Mutti, die je seine Amtsstube betreten hatte. Und wahrscheinlich auch die letzte seiner Dienstzeit.

«Sie machen nur Ihre Arbeit», nickte ich, Verständnis signalisierend. Mir entging nicht, wie er verlegen in den Buggy hinüberschielte und Simi zublinzelte, der sich entschlossen aufrichtete. Bestand doch noch Hoffnung auf den Kugelschreiber? In diesem Moment reichte ihm Herr Gusenbauer verlegen lächelnd das Schreibgerät an. Da sage noch mal jemand, Finanzbeamte hätten kein Herz. Simi griff freudestrahlend zu und nutzte die Gunst der Stunde.

«Papa, Wursten!» Mein Gelbwurstvorrat neigte sich bedrohlich dem Ende zu.

Kurz und gar nicht gut: Nach einigen weiteren kritischen Fragen wurden wir fürs Erste entlassen, jedoch nicht ohne die eindeutige Aufforderung, dass ich jede Änderung meiner persönlichen Verhältnisse, insbesondere die vorzeitige Beendigung der Elternzeit, unverzüglich anzuzeigen hätte. Was auch sonst?

Den hübschen Stift durften wir mitnehmen, er sollte zu Hause in Simis Zimmer einen Ehrenplatz erhalten und zwei volle Tage seine Wickelkommode zieren. Dann warf Liane das Teil weg (dazu muss man wissen: Sie stammt aus Westfalen und kann mit bajuwarischem Mitgbringsel-Schnickschnack nichts anfangen). Reine Geschmackssache.

*

Ein bisschen ein schlechtes Gewissen regte sich dann doch noch bei mir. Denn bei diesem Ausflug wurde mir mal wieder unmissverständlich klar vor Augen geführt, dass ich seit über zwei Jahren keinen müden Cent zum Familienunterhalt beitrug. Wo blieb denn da die väterliche Vorbildfunktion, verdammt!? Vielleicht sollte ich doch besser 14 Stunden täglich schuften und mein Kind einer Fulltime-Super-Nanny übereignen, das kann man neuerdings sogar steuerlich absetzen (§ 32 Abs. 1, 35 a EStG und § 4 f Satz 1 EStG). Und bequemer ist's allemal … wie denken *Sie* darüber?

Ich verwarf den Gedanken wieder, als Simi nach dem Abendessen zu mir sagte: «Papa, ich hab dich lieb.» Musik in meinem von Selbstzweifeln klingelnden Gehörgang. Was Schöneres kann ein Kind eigentlich gar nicht sagen.

Vollkommene Worte bedürfen eigentlich keinerlei Erwiderungen. Trotzdem entgegnete ich:

«Ich dich auch, mein Bär. Schlaf gut.»

Ich trug das 19-Kilogramm-Schwergewicht mitsamt Kuscheleisbär huckepack die Wendeltreppe hoch und deckte ihn mit seiner gefährlich anmutenden Piratendecke zu. Der beleuchtete Sternenhimmel strahlte sanft und in weniger als zehn Sekunden war er ins Reich der Polarbärenträume eingetaucht, in denen der heimatverbundene Herr Gusenbauer (und vielleicht auch sein Kugelschreiber) diesmal sicherlich einen Platz bekommen würde.

Achtundzwanzig Monate

Wiener Wursten mit Gummi-Gnocchi

«Na, ihr beiden! Sonderlich vitaminmäßig seid ihr heute ja nicht drauf!», rügte uns unsere Supermarkt-Stammkassiererin Susanne, als Simi die Einkäufe aufs Förderband legte. Dass Papas von gesunder Ernährung genau so viel Ahnung haben wie von gesunden Damenschuhen, war ihr – selbst zweifache Mutter – natürlich klar. Da Quinoa-Vollkorn-Bratlinge in milder Fenchel-Wacholdersoße zu viel Vorbereitungszeit brauchen und somit wertvolle Spielzeit wegnehmen, bringen Väter lieber deftige Leckereien auf den Teller: Wiener Würstchen mit scharfem Senf und dazu schwäbische Maultaschen oder Gnocchi. Zum Beispiel.

«Wir wollen uns ja keine Vitaminvergiftung einhandeln», gab ich lachend zurück.

Als wir unseren Einkaufswagen zurückstellten, trafen wir zufällig die Leiterin unserer ehemaligen Mutter- & Kind-Gruppe.

«Aha, was sieht man denn da: zwei Männer beim Einkaufen!? Wird das denn was? Was kocht ihr denn heute?»

Simon freute sich sie zu sehen und sprudelte los wie ein Wasserfall: «Wenn Mama Hause, sie kocht. Wenn nicht Hause, Papa holt Pizza. Oder Wiener Wursten», klärte er sie freudestrahlend auf. Au Backe! Der Ernährungs-Analphabet, der seinem Sohn nichts Vernünftiges kocht, sondern ungesundes Fastfood auf den Tisch bringt. Kein Wunder, dass der Junge nicht gerade zu den Fliegengewichten zählt.

«Natürlich mit Gurken und Tomatensalat», ergänzte ich kleinlaut.

«Natürlich», echote sie. Nochmals die Kurve gekriegt. Aber um einen vorwurfsvollen Blick kam ich trotzdem nicht herum. Schnell weg, bevor hier noch mehr Familieninternas zum Besten gegeben wurden.

Kurz vor der Haustür lief uns eine Bekannte und Familienvorständin von Vollerwerbsmann samt drei Kindern vor den Buggy.

«Na, was gibt's denn bei euch heute Leckeres?»

Rührend, wirklich rührend, wie sich mal wieder alle um unser papasöhnliches Wohlergehen sorgten.

Noch ehe ich was halbwegs Intelligentes sagen konnte, jubilierte Simon in höchstes Tönen: «Wiener Wursten! Wiener Wursten! Huppidü! Schnapp-schnapp!» Kleine Kinder und Narren sagen immer die Wahrheit.

Naserümpfen. Stirnrunzeln. «Na, dann guten Appetit!» Und zu mir gewandt: «Wenn ihr mal Rezepte für kindgerechte Mahlzeiten sucht, ich habe da ein super Kochbuch …»

Das glaubte ich gerne, aber ich kannte ihren Küchenplan auch so: Ahorn-Haferschleim mit Papaya-Soufflé und getrockneten Pflaumen im Wechsel mit Pastinaken-Püree, Bio-Huhn und Vollkorn-Basmatireis – entsprechend ausgemergelt sah die ganze Familie Schleck aus. Brav wünschte ich guten Appetit, ehe sich jeder in sein Küchenreich zurückzog, um das Abendessen vorzubereiten.

> «Der weltbeste Papa kann hervorragend kochen.
> Er serviert leckere Vollmich-Nuss-Schokolade (mit ganzen Nüssen),
> Kuchen als Vorspeise und Oliven und Chips.»
> *René Goichoux / Thomas Baas,*
> *Der weltbeste Papa, 2009*

«Hmm, Papa, super Wursten. Toll gekocht. Gnocchis auch sehr gut, schmeckt wie Gummi!», lobte mich Simi ausdrücklich mit vollem Mund. Klasse-Kompliment, danke auch. Nur dass die Gnocchi wie Gummi schmecken sollten, machte mich nachdenklich …

✳

Wir, insbesondere ich, nahmen uns die sanften Anstöße zu Herzen. Und so beschloss ich, mit Simi am nächsten Nachmittag zum ersten Mal gemeinsam das örtliche Reformhaus unsicher zu machen. Neue Erfahrungen erweitern bekanntlich den Horizont.

Ich stand da wie der sprichwörtliche Ochs vorm Berg. Was bzw. wie kaufte man in einem solchen Laden ein? Aloe vera Saft, Basenpulver, Noni-Pflanzen-Dragees, pulverisierte Grünlipp-Muscheln? Puh, harter Tobak. Vollkornnudeln? Gibt's auch im Discounter, allerdings zum halben Preis. Aber Tofu-Energietaler, Paprikapasteten-Brotaufstrich und Suppenwürfel ohne Glutamat – ja doch, durchaus ernst zu nehmende Alternativen zu unseren sonstigen Fastfood-Orgien. Ich griff beherzt zu, auch wenn ich mit Blick auf die Preisschildchen einen heftigen Cortisolschub verspürte.

Auch Simi wirkte angesichts des veränderten Warenangebots reichlich irritiert, schien aber die Abwechslung durchaus zu genießen und griff sich einen der appetitlich aussehenden und obendrein zuckerfreien Früchteriegel mit Oblatenüberzug vom Eichenholzregal. Nur zu. Er mahlte und mampfte, spuckte allerdings draußen die Hälfte wieder aus. Die freundliche Kassiererin, die uns nachwinkte, blickte pikiert zur Seite.

Zu Hause angekommen, nahm Simi den Dosenöffner aus der Schublade und wir machten uns über die Grünkernpaste her.

«Hmmm, lecker, das schmieren wir uns gleich auf unsere Vollkornschnitten», versuchte ich Simi auf diese andere Art der Ernährung einzustimmen. Er schaute zuerst auf seinen Teller, dann auf mich und rührte sich nicht. Ich musste den Anfang machen und ihn von der Köstlichkeit des Dargebotenen überzeugen. Als ich den Duft inhalierte und das dick bestrichene Brot schließlich am Gaumen klebte, verspürte ich so etwas wie einen leichten Würgereiz. Hatte ich nur die falsche Wahl getroffen oder war ich gesundes Essen wirklich nicht mehr gewohnt? Krampfhaft machte ich gute Miene und versuchte das Pastetenklümpchen schnellstmöglich an meinen Geschmacksnerven vorbei in die Speiseröhre zu befördern, ohne dabei das Gesicht zu verziehen.

Simi schnupperte kurz, dann schob er seinen Janosch-Teller schweigend zur Seite. Nonverbale Kommunikation kann *so viel* sagen. Wie sollte ich jetzt unsere hungrigen Mäuler stopfen?

Simi stapfte selbstständig in den Keller und kam mit einer Dose Brühwürstchen zurück. Sogar haltbar. Senf hatte er auch gleich mitgebracht. Ein Gloria auf Liane, die dieses Vorratsdepot angelegt hatte! Die Pommes aus dem Gefrierfach würden auch schnell auf-

getaut sein. Herz, was willst du mehr? Die moderne Hausfrau ist
männlich – und weiß, was schmeckt.

Wenn da nicht die Vitaminfrage wäre! Doch auch das hatte Simi
auf der Rechnung, seine Bestellung lautete: «Wiener Wursten, Papa.
Mit Senf. Und Gurke. Dazu Mate (= Tomate) und Ollis (= Oliven).
Nachtisch Rangen (= Orangen) und Nanen (= Bananen).»

Fällt Ihnen was auf? Richtig, die Gummi-Gnocchi waren nicht
dabei. Dafür die Rot-Grün-Gelb-Orange-Vitamine. Mein Sohnemann besitzt ein ganz natürliches (angeborenes?) Gespür für ge-
sunde Rezepturen. Von mir kann er das nicht haben …

Wir bestrichen die Würstchen kinderfingerdick mit Senf und ich
gönnte mir zusätzlich noch einen frisch gerösteten Toast als Bei-
lage. Natürlich Vollkorn.

Überhaupt war ich stets beeindruckt, wenn er ratzfatz erkannte,
wie die Dinge liefen und er sein erlerntes Wissen zu seinem Vorteil
nutzte. Wollte er etwas Außerplanmäßiges, wie eine Salamischeibe
vor dem Abendessen, versuchte er es beispielsweise so:

«Papa, Salami, bitte!»

«Nein, jetzt nicht. Wir essen gleich. Warte noch.»

Daraufhin setzte er seinen Schau-mir-tief-in-die-Augen-Blick
auf und trällerte:

«Schätzchen! Bitte!!!!»

Von wem er das hatte, dürfen Sie raten.

«Schnuffi, Salami. Zackzack.»

Natürlich bekam er, was er wollte. Wenn er mich schon *so nett*
bat …

Neunundzwanzig Monate

Freiluftpinkeln à la Julius Cäsar

«Du-u, Pa-pa, Flocki muss mal!»

«Na, dann soll er halt machen», lachte ich und verstand mal wieder überhaupt nichts. Aus Spaß knuffte ich den rosa beschleiften Stoffpudel, den Simi wie immer fest umklammert hielt, in die Seite.

«Heyyyyi, Pa-pa! Hal-loooo! Pi-piiiiii! Dringäääänd!» *Das* kapierte sogar ich.

«Oje, jetzt? Hier geht das aber nicht», wisperte ich ihm ins Ohr. Wir standen gerade an der Haltestelle und warteten mit einem Dutzend Leuten auf unseren 68er Bus nach Hause. Weit und breit kein Toilettenhäuschen, kein Baum, nicht mal eine Baustelle.

«Pa-paaaa! Es tropft schon!», schrie und zappelte es ungeduldig neben mir. Als Indianer-Regentanz nicht übel. Andere Wartende lugten zwischen den Rollwerbeplakaten des Buswartehäuschen zu uns herüber. Wohin? Okay, dann eben schnell hinters Werbebauwerk, Unkraut gießen. «Komm mit! Hier sieht uns keiner …»

Wir verdrückten uns so unauffällig möglich, da bog der Bus um die Ecke. Ich nestelte nervös in Reißverschlussnähe, wurde aber nicht fündig. Mist, ausgerechnet heute hatte ich Simon seine blasslila Bären-Latzhose (Lieblingserbstück unserer Nachbarin Carla) angezogen! Die Dinger sehen zwar unheimlich süß aus, sind aber ungefähr so unpraktisch wie eine Konservendose ohne Öffner, vor allem wenn die Lasche klemmt. Schließlich schaffte ich es doch, mich durch das Labyrinth zu wursteln, allerdings knickte ich dabei den schon seit längerem lockeren Bügel ab. Bitte nicht …

Ach, was soll ich groß herumreden. «Alles fließt», hatte einst Heraklit aus dem urgemütlichen Ephesus festgestellt. Der Mann wusste schon, wovon er sprach. Zuerst spürte ich nur wohlige Wärme auf meinem Handrücken, dann floss es in Strömen. Was raus muss, muss raus. Eine ganze Menge, das meiste davon in die Latzhose, der Rest staute sich in meinem Hemdsärmel. Nur der Löwenzahn, der dringend Wasser gebraucht hätte, darbte weiter vor sich hin. (Immerhin bekamen die Brennnesseln ein paar Tropfen ab.) Und unsere Flocki, ich sage Ihnen, die war sowas von durchnässt, weil Simi sie beim Wassern die ganze Zeit nicht losgelassen hatte. Allerdings tat ihr diese außerplanmäßige Dusche ganz gut, denn ihr zotteliges Fell hatte an diesem Ausflugstag doch so manches Staubkorn aufgenommen.

Wie lief sowas doch gleich in glorreichen früheren Zeiten ab? «Als Cäsar sah, dass der Hafen voll war, schiffte er daneben.» Na bitte, alles schon mal da gewesen.

«Ts, ts, junger Mann! Ziehen Sie dem Kind halt eine Windel an, wenn es noch nicht einhalten kann. Das hier ist doch total entwürdigend und eklig», raunzte mir eine etwa 60-jährige Dame mit *echtem* Flocki-Pudel von hinten zu und sprach damit offenbar aus, was die anderen Umstehenden dachten; deren abwechselndes Synchronnicken und -Kopfschütteln war nicht schwer zu deuten. Klasse-Vorschlag. Die Dame fehlte mir gerade noch in meiner Raupensammlung. Legen Sie mal einem Zweieinhalbjährigen eine Windel an, der sich mit Händen und Füßen dagegen wehrt, weil er den (verständlichen) Wunsch hat, frei pinkeln zu lernen. Überhaupt: Gibt es nicht sogar Leute, die diesen wertvollen Körpersaft zu Heilzwecken trinken?! Wozu also die künstliche Aufregung?

Ich musste nochmals an den mondänen römischen Imperator denken und prustete unwillkürlich los. Simi guckte zuerst betreten, dann entgeistert, schließlich gluckste er mit, ohne zu wissen, warum ich lachte. *So* stelle ich mir echte Solidarität zwischen Vater und Sohn vor. Wir beschallten den ganzen Straßenzug. Die Leute waren längst eingestiegen, die Bustüren klappten zu und wir waren immer noch damit beschäftigt, uns die Bäuche zu halten. Lachen stärkt die Bauchmuskeln. Und verlängert das Leben.

«Hey, Papa, unser Bus …» Ein Blitzmerker vor dem Herrn, mein Junior. Doch zu spät.

«Da kommt bald wieder einer», sagte ich so locker wie möglich. «Einer Straßenbahn oder einer Frau solltest du nie nachlaufen, da kommt immer wieder eine neue daher.»

Alles fließt. Doch Vorsicht: Steter Tropfen höhlt den Pflasterstein …

Er schüttelte sich vor Lachen. (Und ich fragte mich in diesem Moment, ob er wohl die Pointe verstanden hatte. Man sollte Kinder nicht unterschätzen ...)

*

Wussten Sie übrigens, dass Freiluftpinkeln in Deutschland teuer werden kann?

Ausgerechnet eine öffentliche Grünanlage in der Nähe des Polizeipräsidiums wählte ein promovierter Akademiker mit seinem sechsjährigen Sohn, um die Blasen zu entleeren; Polizeibeamte erwischten die beiden Synchronpinkler hinter einem Baum. Sie nahmen den «Verstoß gegen die Straßenreinigungs- und Sicherungsverordnung der Stadt Augsburg» zu Protokoll und übergaben den Fall der örtlichen Bußgeldbehörde. Diese rührte sich drei Monate (!) später und ahndete die «illegale Verrichtung der Notdurft» mit einem Bußgeld und saftigen Verwaltungsgebühren. Seinen Einspruch gegen den Bescheid in Höhe von 60 Euro wegen möglicher Verjährung nahm er nach richterlicher Aufklärung zurück.

Quelle: Augsburger Allgemeine Zeitung

Ich lege Wert auf die Feststellung, dass dies *nicht wir* waren. Aber wir hätten es sein *können*.

Unsere Lösung für so manches Druckproblem: sich einfach nicht erwischen lassen ...

Dreißig Monate

Bratwurstschnecken machen glücklich

Wussten Sie, dass Bratwurstschnecken glücklich machen können? So ähnlich wie Bananen mit ihrem Glücksstoff Serotonin. Nein? Simis Gehirn jedenfalls durchfluteten schon sämtliche Freudenhormone dieses Universums, wenn er auch nur eine Bratwurstschnecke aus zwei Metern Entfernung und im eingeschweißten Zustand im Kühlregal unseres Discounters erspähte. Er zappelte und hüpfte dann so aufgeregt in seinem Einkaufswagensitz umher, dass mir keine andere Wahl blieb, als das Teil kurzerhand in unseren Wagen zu schnippen. So sieht für ihn der siebte Himmel aus: Wurst, Bratwurst, Bratwurstschnecke.

Doch das Leben ist nicht immer nur superspaßig: Ungemütliches Januar-Nieselwetter. Seit zwei Tagen konnte Simi, inzwischen zweieinhalbjährig, kein Pipi mehr machen. Sein bestes Stück glich einem dunkelroten Tischtennisball. Schwer beunruhigt fuhren wir bei Frau Dr. Beierl-Koreimann vor, selbst laufen war nicht mehr. Da wir keinen Termin hatten, nahmen wir im übervollen Wartezimmer Platz und versteckten uns hinter unserem mitgebrachtem «Conni beim Arzt»-Buch, inständig hoffend, nicht angesprochen zu werden. Unsere Taktik ging auf.

«Seht mal, was der Igor schon kann. Dabei ist der erst 15 Monate!», warf eine Mutti in die Runde, Zustimmung heischend. Wir hatten aber keine Lust zu schauen, unser Bilderbuch war deutlich aufregender als ein bewundernder Blick auf den kleinen Streber.

«Meine Julia macht schon Dinge, die sie eigentlich noch gar nicht können dürfte!», erklärte eine zweite Mutti stolz. Sie sah aus wie eine Sumo-Ringerin und ich fragte mich, ob das wohl ihr normales Kampfgewicht war oder ob sie schon wieder schwanger war.

«Ach, mein Maxi ist sooo hintendran. Der müsste schon viel mehr können», seufzte jetzt eine Dritte. «Und jetzt hat er auch noch so bescheuertes Rotzfieber.» Alle erzählten so «rababer-raba-ber» und blubberten sich quer durch Bachblüten, Notfalltropfen und Schüsslersalze.

«Ach, könnten Sie vielleicht eben noch kurz das Mädchen mit ihrer Mutter vorlassen? Die Mutter muss dringend zum Flötespie-len», fragte mich die Arzthelferin, obgleich sie genau um Simis aku-tes Problem wusste.

Noch ehe ich was sagen konnte, hüpften die beiden Damen an uns vorbei ins Behandlungszimmer. (Dass *echte* Mütter mir grund-sätzlich vorgezogen wurden, war nichts Neues. Neu war lediglich, dass ich gefragt wurde.) Wir vertieften uns wieder in unsere «Petzi»-Pixibücher-Sammlung: vier Bändchen später durften wir eintreten, immerhin.

Frau Doktor warf nur einen flüchtigen Blick auf das zum Bersten angeschwollene Teil – für mich war es nur eine Frage der Zeit, bis es platzen würde – und wandte sich sofort wieder ihrem Computer zu.

«Keine Panik, Kinders! Das gibt sich wieder», salbte sie. «Eine kurzfristige Durchlaufstörung in der Harnröhre, da können Sie ganz gelassen bleiben, Papi. Der kleinkindliche Organismus regelt so was meist von selbst wieder.»

Ungläubiges Aufatmen seitens des verunsicherten Erzeugers. Ärztliche Routine? Ultimativer weiblicher Kennerblick? Wenn's nur stimmte! Zweifel blieben, denn ich gehöre nicht zu den Zeit-genossen, die Paracetamol für eine neue Wunderdroge im Radrenn-sport oder Bepanthen für eine neue Biersorte halten. Aber einer Ärztin widerspricht mann nicht.

Wieder zu Hause angekommen, grillte ich erst mal eine dicke Bratwurstschnecke. Stutzig machte mich, dass Simon gar nichts abhaben wollte, denn Bratwurstschnecken gingen ihm doch nor-malerweise über alles. Das will was heißen. Hmmm …

Auch am folgenden Tag: null Besserung, im Gegenteil. Immer mehr Abfallsaft sammelte sich an, Simis Zapfhahn hatte die Form einer überfetten Fleischtomate angenommen. Er verweigerte sämt-liche Nahrungs- und Wasseraufnahme, bekam plötzlich hohes Fieber, und ich kriegte es richtig mit der Angst zu tun. Verzweifelt rief ich in der Praxis an, ein Rückruf wurde avisiert … und blieb aus. Mama Liane war nicht erreichbar. Was tun? Schnell zur Not-aufnahme in die städtische Kinderklinik; der Dienst habende Arzt schlug die Hände über dem Kopf zusammen: «Die Hyperplasie muss dringend operiert werden, sonst droht akutes Nierenversa-gen.» Was das hieß, konnte sich jeder Medizin-Analphabet auch mit wenig Fantasie ausmalen.

Nichts wie rüber in den OP, Simon kam unters Messer … und hatte Riesendusel. Vor Erleichterung zündeten Liane (ich hatte sie zwischenzeitlich per SMS herbeordert) und ich sämtliche verfüg-baren Dankeskerzchen in der Klinikkapelle an.

«Gut, dass Sie so kurz entschlossen gehandelt haben. Manchmal kommen die Leute zu spät», klopfte mir der behandelnde Oberarzt auf die Schulter. So viel Lob aus berufenem Munde, ausnahmsweise an *meine* Adresse gerichtet. Das ging mir runter wie Öl.

«Eine Batwustsnecke, bitte!», waren Simis erste Worte nach der Narkose, «eine gaaanz große …»

Die Krankenschwestern fielen aus allen Wolken: «Das hatten wir echt noch nie. Die Kinder wollen schon mal ein Eis oder Schoko-lade, aber eine Bratwurstschnecke …?!»

Wo hernehmen? Die Klinikküche war auf derartige Sonder-wünsche nicht eingerichtet, auch die Caféteria im Erdgeschoss war überfordert. Die mobile Pommesbude an der nächsten Bushalte-stelle verkaufte Nürnberger Bratwürstchen, doch heute sollte es Bratwurstschnecke – nichts anderes – sein. «Genau wie *du* ges-tern!», beharrte er. «Riesengrooooß …»

Was tut man nicht alles für die schnelle Genesung seines Kindes! Ich schwang mich in meinen Golf und schrammelte zur nächsten Apotheke, Pardon: Fleischerei.

«Bratwurstschnecke? Führen wir nicht», erklärte die Verkäuferin ohne eine Spur von Bedauern, nachdem ich zehn Minuten gewartet hatte.

Keine Bratwurstschnecke beim Metzger!? Unser Stammdiscoun-ter führt sie, also nix wie hin, die fünfzehn Kilometer war's mir wert. Dann ab nach Hause, Ofen an, Öl-Pfanne fast zum Brennen gebracht, wo war noch gleich die Alufolie? Und dann mit Bleifuß zurück zur Klinik. Wie ein ausgehungerter Bär verschlang Simi in nur wenigen Minuten die Schweine-Vitamine, dabei hatte ich den

Senf vergessen, doch solche Bagatellen spielten diesmal keine Rolle. Anschließend wollte er noch eine zweite, doch Liane gelang es, ihn davon zu überzeugen, dass Karotten und Tomaten auch gewisse Vorzüge hätten. Er schlang alles runter, als hätte er zwei Wochen nichts bekommen.

✳

Stunden später durften wir Simi feierlich mitnehmen. Er hatte alles gut überstanden und gab von seinem Buggy-Sitz aus schon wieder rege Anweisungen wie eh und je. Liane und ich lasen ihm – ausnahmsweise – alle Wünsche von den Augen ab. Vor dem Einschlafen gähnte er kräftig und lallte mit leicht dänischem Akzent: «Baba, heude wa ein glickliche Dag.»

Auf meine Rückfrage, was denn heute so besonders glücklich gewesen sei, antwortete er: «Dass es Batwustsnecke gab.»

In diesem Moment wurde mir mal wieder überklar, wie mein Sohn einen Glückszustand definiert. *Sein Glück* beruht – einfach genug – nicht selten nur auf dem blanken *Entschluss*, glücklich zu sein. Und auf *für mich* vergleichsweise unbedeutenden Dingen wie Bratwurstschnecken.

Einunddreißig Monate

Bob der Baumeister sabotiert den Schuhkauf

«Beim Schuhkauf sollten Sie als Vater nicht auf den Euro schauen. Das müssen Ihnen die Füße Ihres Sohnes schon wert sein», klärte mich die pummelige Schuhverkäuferin mit dem Bluthochdruckgesicht auf, noch ehe sie Simons Füße vermessen hatte. Wenn *die* wüsste, was mir die Füße meines Sohnes wert sind! Und wenn sie erst eine Ahnung hätte, wie schnell Simons Füße wachsen ...

Leider waren die tollen Klettverschluss-Schuhe mit dem hellblauen Delfin aus dem Werbeprospekt schon ausverkauft, andere in Frage kommende Exemplare waren in der richtigen Größe nicht vorrätig, der alte Prospekttrick eben.

«Kinderfüße wachsen ja so schnell», klärte sie mich auf.

Jaja, eben. Doch wir gaben uns nicht geschlagen und wühlten uns trotz Ablenkung durch den Kinderfernseher, wo gerade «Bob der Baumeister» unter Mithilfe von Wendy und Buddel eine Riesengrube ausschachtete, durchs reichhaltige Angebot.

Alternative Nummer eins: ein orangefarbenes Paar mit Froschbildchen.

Alternative Nummer zwei: schwarze Treter mit weißem Totenkopf.

Simi hatte nur noch Augen für den Baumeister. Er war auf die witzigen Delfine fokussiert gewesen, was anderes sollte es nicht sein. Für mich als Bezahle-Papa kam noch hinzu: Sowohl der Totenkopf als auch die Frösche lagen preismäßig kurz vor Wolkenkuckucksheim.

«Ganz egal, wofür Sie sich entscheiden, damit können Sie gar nichts falsch machen. Klasse Markenschuhe, wirkliche Wertarbeit», hörte ich die Verkäuferin bemüht gegen den Fernseher anreden. Ich fragte mich, ob sie Kleidergröße 50 oder 52 trug und wie viel Mühe es sie wohl gekostet hatte, in ihre Slipper zu kommen, aus dem am oberen Rand eine Fleischrolle nach oben drückte. Allein bei diesem Anblick schmerzte mein kleiner Zeh so sehr, dass ich leidend mein Gesicht verziehen musste. Wie sollte man sich dabei aufs Schuhekaufen konzentrieren?

Nun regten sich neben dem Mitleid für unsere Schuhfachverkäuferin zwei Gefühle in mir. *Gefühl Nummer eins:* ‹Du allein bist schuld, wenn dein Sohn eines Tages als fußlahmer Krüppel, von den Mädels ausgelacht, mit orthopädischen Tretern durch die Gegend humpeln muss wie der alte Bing Crosby. Und nur, weil du dein zum Monatsanfang noch prall gefülltes Portemonnaie nicht schröpfen wolltest. Schäm dich, alter Pfennigfuchser!› – *Gefühl Nummer zwei:* ‹Lass dich nicht ins Bockshorn jagen, entscheide nach Vernunft und Verhältnismäßigkeit, mach deinem dämlichen Über-Ich klar, dass es Pause hat!›

Noch ehe ich einem Gefühl den Vorrang geben konnte, legte der Pommespanzer – oder Puddingdampfer? – nach: «Gerade Väter haben da oft eine völlig falsche Vorstellung. Schuh ist eben nicht gleich Schuh.»

Ach ja, die väterlichen Nullchecker!

> «Schuh ist nicht gleich Schuh, mein
> schönes Schoschonenkind. Das hier ist
> der Schuh … des Ma-ni-tu.»
> *Zitat aus Bully Herbigs*
> *«Der Schuh des Manitu»*

«Mein Herr, Sie haben die Wahl. Billige Treter vom Discounter, mit denen sich Ihr Sohn die Füße kaputt macht. Oder echte Qualität.»

Klar, die Schuhfetischistin sah jetzt ihre Felle davonschwimmen wie Bob seinen roten Ball, den er aus Versehen in die frisch gebaggerte Grundwassergrube geworfen hatte. Aber was ein richtiger Kerl ist, der gibt nichts verloren. Bob versuchte den Ball mit dem Kescher (wo hatte er den bloß so schnell her?) rauszufischen. Gleich hat er ihn … jetzt … jetzt …

«Haben Sie sich entschieden?», wurde ich unsanft beim Fernsehen unterbrochen. Mich irritierten die Aufschriften «Made in

India» auf der Innenseite des Piratenexemplars und «Made in China» hinter dem Frosch-Emblem erheblich. Als ich aufblickte, kam mir das Gesicht der Verkäuferin noch röter als zu Anfang vor. Jetzt bitte nicht hyperventilieren!

«Tja also, wissen Sie, ich glaube, da spreche ich doch besser noch mal mit meiner Frau», versuchte ich die Kurve zu kriegen … Gottseidank. Bob hatte seinen Ball mit künstlichem Teleskoparm und viel Mut wieder herausgefischt. Aufatmen. Ein echter Teufelskerl. Toller Typ.

«Ja, komm doch am besten mit der Mama», sagte die Verkäuferin zu Simon gewandt, der nur noch Augen für die Mattscheibe hatte. «Die kennt sich mit Schuhen wahrscheinlich sowieso besser aus.»

Hier hatte sie vollkommen Recht und ich bemerkte, wie sich ihre Gesichtszüge deutlich entspannten. Mit rund 150 Schuh-Paaren besitzt Liane garantiert eine der größten Sammlungen hierzulande, vielleicht gründen wir demnächst das erste Schuhmuseum Süddeutschlands!? Denn getragen wurden ja doch immer nur abwechselnd die zwei gleichen Paare.

Da der Himmel draußen inzwischen seine Schleusen geöffnet hatte, kaufte ich schnell ein paar ‹Bob Baumeister›-Gummistiefel für 9,90 Euro. Für den Moment ganz sicher die sinnvollste Investition. Plötzlich wurde von einer Sekunde auf die andere der Bildschirm pechschwarz (genug geschaut? Stromausfall?). Da war Simon auch schon draußen und veranstaltete vor dem Geschäft juchzend ein Pfützenspringen, dass es nur so gegen das Schaufenster spritzte. Ein zufriedener Kunde, und sei er noch so klein, freut doch jeden Geschäftsmann … und manchmal auch die Fensterputz-Firma.

✻

«Papa, Bob war toll. Kannst du mir den Film kaufen, bitte?», bat Simi mich vor dem Zubettgehen. «Oder gehen wir morgen wieder hin?»

Dann lieber schon die bewegten Bilder. Schließlich kommt Bildung ja von Bildschirm. Nicht von Buch, sonst müsste es Buchung heißen – laut Dieter Hildebrandt. Und der Mann hat Ahnung vom

Fernsehen. Dennoch bestellte ich das Buch zur Serie gleich mit – wenn schon, dann *mehrgleisig* bilden!

In den nächsten Wochen lernte ich von Bob dem Baumeister, wie man flink ein Mehrfamilienhaus baut, einen Garten fachmännisch ohne größere Verletzungen umgestaltet und außerdem in nullkommanix einen Kinderfußballplatz auf dem Gemeinschaftsvorplatz anlegt, ohne sich mit den Nachbarn anzulegen – blendende Laune stets inklusive.

«An dem kannst du dir ein Beispiel nehmen», meinte Liane während eines gemütlichen DVD-Sonntagnachmittags. Gähn, gähn. Eigenartig, aber bei diesen Kurzfilmchen mit ihren vor Fleiß strotzenden, agilen Hauptdarstellern wurde ich neuerdings immer schläfrig.

Ach ja, die Frosch-Schuhe wechselten erwartungsgemäß doch noch den Besitzer, Liane und die Verkäuferin waren bezüglich der Qualitätsdiskussion d'accord (Expertinnen unter sich!), Simi durfte fortan mit grellgrünen Frosch-Tretern über Matschwiesen stiefeln. Mich erstaunte nur, dass sich bei dieser Qualität schon nach wenigen Tagen das Froschbild vom linken Schuh löste. Simi weigerte sich prompt, diese tollen Schuhe weiterhin zu tragen.

Die kirchliche Altkleidersammlung freute sich mal wieder über unsere Fast-Neuspende …

Muttis heute kostenlos!

Nachmittagsvorstellung im 4-Sterne-Zirkus: das klang höchst verheißungsvoll, ein Ereignis, auf das Simi seit Wochen angespannt hinfieberte.

Frühzeitig standen wir in der Kassenschlange und wunderten uns: kein einziger Papa weit und breit, nur ein Opa mit seiner Enkelin. Dabei war doch heute Vatertag!

Die Auflösung brachte ein buntes Plakat in der Nähe des Eingangs: ‹Kostenloser Eintritt für alle Muttis›. Oh!

«Auch Papas sind natürlich herzlich willkommen, müssen aber Eintritt bezahlen», flirtete mich die von weiß geschminkten Stelzengängern umgarnte Kassiererin an. Na gut. Ich freute mich ja schon, dass ich überhaupt in der weißgelbblauen Zeltkuppel willkommen war; die paar Ocken drückte ich gern ab, die Zirkusleute wollen eben auch leben.

Wann war ich eigentlich das letzte Mal im Zirkus gewesen? Das musste Lichtjahre her sein. Ich war mindestens genau so aufgeregt wie Simi und ließ mich in einen der weißen Plastikstühle fallen, die auf der platt getrampelten Wiese aufgestellt waren. Simi kletterte keuchend auf den Nebenstuhl, plötzlich hörte er hinter sich eine bekannte Stimme: Vroni aus seiner Spielgruppe kam mit dem für sie typischen Trara ins Zelt gepoltert. Er fuhr herum, um ebenso lautstark auf sich aufmerksam zu machen – gerade in einem Menschenpulk kann man leicht übersehen werden –, und wedelte wild mit seinen Armen. Sein Brustkorb schwoll vor Stolz über den erklommenen Stuhl an. Zu spät bemerkte er, dass sich sein Gewicht nach hinten verlagerte und schon kippte er rücklings in den Matsch (es hatte den ganzen Vormittag geregnet), so dass die anderen Kiddys schon mal was zum Warmlachen hatten. Als er sich heulend wieder hochrappelte, sah er aus, als hätte er im Dschungelcamp nach Regenwürmern getaucht. In diesem Outfit konnte er bei seiner Angebeteten nicht mehr punkten, so viel stand fest. Doch Vronis Mama hatte ohnehin einen Platz weit weg von uns ausgewählt.

Endlich: der Vorhang ging auf. Das Programm war ähnlich bunt wie die geplätteten Blümchen zu meinen Füßen. Nach den wippenden Ponys und den spuckenden Lamas gaben zwei Jongleure Kostproben ihres Könnens, ehe der Clown – Tulpe am Hut, feuerrote Knubbelnase und Milka-Kuh-Mammutbrille – die Manege betrat:

«Ah, was sehen meine entzündeten Augen: ei-nen Pa-pa. Na, wenn das mal kein U-ni-kum ist», frohlockte er und watschelte in seinen Zwei-Meter-Latschen bedrohlich in meine Richtung. Ich sah da was auf mich zukommen.

«Wo ist denn eu-re Mu-ttiiii?»

Ich schluckte. «Auf Ge-schäfts-rei-se», krakeelte ich so dümmlich wie möglich zurück, man will ja kein Spielverderber sein.

> «Leben ist die Entwicklung vom jugendlichen
> Helden hin zum komischen alten Knaben.»
> *Charlie Rivel*

«Bist du da si-chäär?» – Voll der Brüller fürs johlende Publikum. Selten so gelacht. Hahaha.

«Darf ich dich auf die Bü-hne bit-ten, Pa-piiiii?»

So wie er das sagte, klang das wie «Pi-piiii». Was nun?

«Au ja, Papa!», jauchzte Simon neben mir und trommelte mit hunderten anderen Zuschauern mit den Füßen auf den Boden. «Lustig, lustig!», kreischte er. – Lustig für wen?

Muss man seinem Kind *alle* Wünsche erfüllen? Ich denke nicht. Verlegen drehte ich mich ab und wühlte demonstrativ in meinem Rucksack, um zu signalisieren: kein Interesse. Der Clown verstand den Wink und hatte ein neues Opfer im Visier: den Opa zwei Reihen vor uns. Puh, dieser Kelch war gerade noch mal an mir vorübergegangen. Glück gehabt.

«Hal-li-hal-lo, Opa. Oooo-hoh-pa-ha! Komm zu mir!»

119

Papis mussten leider löhnen – dabei war doch eigentlich Vatertag ...

O Mann, der Typ setzte sich tatsächlich in Bewegung und stolperte unsicher in die Manege. Mut hatte der, das musste man ihm lassen.

«Na, wo hast du denn deine Omi gelassen?», fragte der Clown und lachte sich kaputt.

«Ich bin nicht der Opa, sondern der Papa», erklärte «Opa» freundlich und grinste ins Publikum. Ach herrje. Begeisterungsstürme tobten durch die Arena. Wirklich, selten so gelacht. Ich schätzte den Glatzkopf mit dem furchigen Gesicht und der Knollennase auf mindestens siebzig. So kann man sich täuschen.

«Wohl ein Scherzkeks, wie? Denken macht hässlich, das sieht man schon an deiner Na-ha-ha-se … Kennst du-hu den Unterschied zwischen einem Paaa-piii-Opiiii und einem Esel?»

Er schüttelte den Kopf und glotzte reichlich betröppelt.

«Richtig. Es gibt keinen.» Die Stimmung kochte über.

Über den Rest breiten wir besser gnädig den Mantel des Schweigens. Nur so viel: Er orgelte noch ein paar Gags in dieser Art raus und das zahlende Papa-Tier in der Manege machte sich für die Kids und deren kostenlose Mamis zum Mega-Affen.

«Ein Riesenapplaus für unseren Papa-Opiii.» Das Zelt stand Kopf. Weshalb lachen die Leute eigentlich über Clowns? Auch wenn sie ihre Scherze auf Kosten anderer machen?

Antwort: Humor ist nun mal der beste Stoßdämpfer des Lebens. «Zum König oder zum Narren muss man geboren sein», soll Diogenes, eine Art philosophischer Oberclown der Antike, gesagt haben.

Endlich Pause. Wir stellten uns am Toilettenwagen an.

«Warum sind Sie denn nicht in die Manege gegangen?», wollte eine (mir unbekannte) Mauerblümchen-Mama mit sommersprossigem Drei-Jahres-Pummelchen von mir wissen. Und: «Warum kommen Sie eigentlich an einem Tag, an dem der Eintritt nur für Muttis frei ist, in den Zirkus? Hat der Kleine keine Mutti?»

Das nenne ich direkt. Stand auf meiner Stirn geschrieben: «Sprich mich an, allein erziehender Papa sucht Familienanschluss!»?

Nach zwei Minuten fing sie an, mich zu duzen: «Wo wohnst du?», wollte sie wissen. «Kann ich dich da mal besuchen?»

Noch ehe ich nach ähnlich direkten Antworten suchen konnte, läutete die Glocke zum zweiten Teil. Den erspare ich uns an dieser Stelle. Nur so viel: Das Publikum wurde jetzt in Ruhe gelassen.

Jeder Zirkus geht irgendwann mal vorbei, weil auch die spargeldürrsten Akrobaten hungrig und die begeistertsten Kinder müde werden. Der donnernde Schlussapplaus übertönte sogar meinen frischen Tinnitus. Jetzt aber flicflac ab nach Hause: «Tanzalarm»-Time im Kika-TV.

Simon war untröstlich. «Ooohh, schade, dass Zirkus vorbei. Wo die jetzt hinfahren? Paaa-paaa ...»

Mein Interesse, dies zu recherchieren, hielt sich in Grenzen. Ich murmelte irgendwas und hoffte, dass das Thema damit beendet war.

Doch was, wenn der Zirkus im nächsten Jahr wieder kommt?

Dann gibt's genau zwei Möglichkeiten. *Erste Variante:* Wir legen den Urlaub entsprechend und fliegen weg. Eigentlich widerstrebt mir eine solches Fluchtszenario. *Zweite, kostengünstigere Variante:* Ich rasiere mich zur Abwechslung mal nass und klemme mir zwei dicke Luftballons unters T-Shirt. Vielleicht gehe ich dann als Mama durch und mir bleibt so einiges erspart. Vom Kleingeld ganz zu schweigen.

✳

An diesem Abend lachte sich Simi in den Schlaf. Er lachte sogar noch Stunden später im Traum. Auch ich hatte – trotz der Clownereien – meinen Humor wiedergefunden. Sei es, wie es sei: Glücklich, wer ein zufriedenes Kind hat! Und wer glücklich ist, sollte nicht noch glücklicher sein wollen. Sondern vor Freude tanzen ...

Dreiunddreißig Monate

Tanz, Papa, tanz!

«Sto-ho-hopp! Stopp-chen! Zu-erst Schu-hu-he ausziehen!», sing-sangte die Musikpädagogin freudestrahlend in Fis-Dur, bevor die beiden Ehmänner ihre großen Zehen in die heilige Halle des Bürgerhauses setzen durften.

Mist, ausgerechnet heute hatte ich Simon das von seiner Cousine Xenia vererbte pinkrosa Paar Lillifee-Söckchen angezogen. Sie waren weder ausgebleicht noch hatten sie Löcher, es waren eben nur Lillifee-Prinzessinnensocken an den Füßen eines Jungen. Ein hyperpeinlicher Fauxpas – typisch Papa –, der mich in der Punkteskala der Musikpädagogin um einiges nach unten katapultierte. Selbiges konnte der barfüßigen Lehrerin mit ihren lila lackierten Fußnägeln schon mal nicht passieren. Elfengleich schwebte sie mit wehenden Ärmeln zu tibetanischer Klangschalenmusik über die Tanzfläche und forderte die mitgekommenen Mamis mimisch zum rhythmischen Mitklatschen auf (der einzige Papi wurde ignoriert). Sie war ausgesprochen eigenwillig aufgebrezelt: viereckige bunte Daniel-Düsentrieb-Brille, weit geschnittenes, vermutlich selbst gebatiktes schlabber-wabbel-Oberteil, hell-lila Kopftuch, aus dem ein spärliches Büschel Haare hervorlugte. Angesiedelt irgendwo zwischen Eso und Öko, aber wir waren ja wegen der Musik hergekommen.

«Los Leutchen, nehmt euch einen Tee-hee-hee-hee-hee-hee!» – Das klang jetzt mal verdächtig nach C-Kadenz und ließ ganz klar ihr Lebensthema durchhören: ‹Musik macht Laune und ist die beste aller Künste.›

«Und da-ha-ha-nn schwebet mal schön eine Ru-hu-hu-hunde …»

«Papa – ist, ist, ist, ist die be-be-hin-hin-dert-dert?», flüsterte mir Simi aufgeregt stotternd ins Ohr.

War das am Ende ansteckend? Ich guckte vermutlich doof wie ein Shetland-Pony und legte meinen Zeigefinger auf seinen Mund.

«Will Fanta, keinen Tee!», forderte Simi trocken.

Das angebotene Hagebutten-Heißwasser ließen wir links liegen. Simi zog seine roa Schwitze-Strümpfe aus und legte sie zum Lüften auf das Sideboard, dann tauchten wir in den Reigen ein. Ich schwang meine Hufe so hoch ich konnte, doch Simi schnupperte den in der Luft liegenden Teebaumöl-Aromaduft (oder seine Socken?) und zog einen Flunsch.

«Papa, hier stinkt's. Komm, gehen – will Fußball spielen!», forderte er überlaut.

Ich lief vor Scham dunkelrot an und hätte mich am liebsten unsichtbar gemacht. Die inzwischen birkenbestockte Pädagogin tat so, als hätte sie nichts gehört, und zeigte uns die kalte unbekleidete Schulter.

«Los, ihr Süßen, bewegt euch zur Musik!»

Simis Quengeln wurde vehementer. Unter den fragenden Blicken der anderen zog er mich wie einen widerspenstigen Dackel in Richtung Tür.

«Komm, Papa! Weg …» – Was nun?

Die Lehrerin zog professionell ihr Programm durch, ohne uns eines weiteren Blickes zu würdigen: «Sim-sa-la-bim-bam-ba-sa-la-du-sa-la-dim, auf ei-nem Baum ein Ku-hu-kuck saaaaß – los, und jetzt imitieren wir einen Baum. Kommt, die Äste bewegen sich im Wind.» Sie wiegte sich für meinen Geschmack fast peinlich lasziv hin und her, dass ihr Bauchnabel sichtbar wurde, und wedelte mit den Armen in irgendwelchen Himmelsregionen herum. Ich verstand nur Quark mit Soße.

«Dance, boy, dance! Let yourself go bis das der Simkarte gluht.»
Bruce Darnell, Laufsteg-Ikone bei
«Germany's next Topmodel»

«Lasst euch total gehen, seid kreativ!» Simi nahm die Anweisung überwörtlich. Er wurde so kreativ wie schon lange nicht mehr, was die völlig überflüssige Bienenwachskerze auf dem kleinen Couchtisch in der Mitte des Raumes zu spüren bekam, um die wir zu Beginn der Musikstunde andächtig gesessen hatten. Er touchierte sie gnadenlos mit seinem rechten Spielmacherbein. Dazu müssen Sie wissen, er ist ein begnadeter Fußballer-Rechtsfuß, das linke Bein hat er nur zum Stehen.

Während ich schuldbewusst das ausgelaufene Wachs vom Boden aufzukratzen versuchte und mich dabei auf dem Linoleum ziemlich schwer tat, weil ich meine Weitsichtigenbrille vergessen hatte, stolperte ich über einen etwa fünf Jahre alten blond gelockten Mittänzer – Typ Posaunenengel –, der mir in den Weg gelaufen war.

«Foul! Foul!», brüllte Simi. Da der andere Junge sich standhaft weigerte, einen Elfmeter anzuerkennen, wurden nun alle Zeugen einer reichlich schrägen Stimmband-Sinfonie. Doch glücklicherweise gaben die Kehlköpfe der beiden Kontrahenten schnell den Geist auf, es war sehr stickig im Raum.

So stolperte ich gedankenverloren zu «10 kleine Hexchen» weiter und kam total außer Puste. Mein alter Musiklehrer, bei dem ich zehn Jahre Klavierunterricht genießen durfte, hätte mich gewiss mitleidig belächelt, wenn er mich so hätte sehen können. Väter haben viel zu tun, um wieder gutzumachen, dass sie Söhne haben.

«Konzentriert euch nur auf die Musik, nicht auf euren Nebenmann. Und jetzt gegenseitig locker an den Händen fassen», schallte es mir ins Ohr. «Halloooo, nicht krallen, Papaaaa!!!»

Mit Tipps wie diesem ging die Dreiviertelstunde schneller als befürchtet vorbei und wir zogen unsere Turnschuhe wieder an.

«Wollt ihr denn *noch mal* zur Früherziehung kommen?», fragte uns die Musiklehrerin, bevor wir uns verdünnisieren konnten. Da klang ganz klar ein «bitte bloß nicht!» durch.

Famous last words an Papa & Sohn: «Musikerziehung ist nach meiner Erfahrung nun mal mehr Müttersache! Aber nehmen Sie es nicht persönlich.» – Wuuuusch!!!!! Einen Moment war ich versucht, ihr zu verklickern, dass ich drei Instrumente annähernd konzertreif spiele. Aber was hätte das gebracht? Bei mir fiel der Vorhang.

Smart-Simi hielt sich alles offen: «Der Würfel fällt, wie er fällt.» (Er hatte den Spruch vor ein paar Tagen von seinem Tennis-

Opa exakt so aufgeschnappt und fand ihn jetzt wohl passend). Sie schaute wie ein Eichhörnchen, dem man die Nuss vor der Nase weggeschnappt hat.

Damit da kein Missverständnis entsteht: Die Ringelpiez-Polonaise hätte selbst ein Gottlieb Wendehals nicht besser hingekriegt. Und was konnte die Lehrerin schon dafür, dass sie es mit zwei totalen Tanzmuffeln zu tun hatte!

✳

Achtung Sportplatz, wir kommen! Draußen regnete es Bindfäden – egal. Unseren froschgrünen fluoreszierenden Plastikball führten wir stets im Auto-Kofferraum mit. Simi war voll auf dem Trichter, kreative Freistöße zu platzieren und sich bewegungsmäßig dabei im inzwischen stürmisch auffrischenden Wind total gehen zu lassen, so wie er es soeben gelernt hatte. Was raus muss, muss raus. Erst als der Wind Orkanstärke annahm und unseren Ball wie einen hilflosen Luftballon auf Nimmerwiedersehen fortwehte, flüchteten wir ins Auto.

Nach dem Abendessen erzählten wir unsere Tageserlebnisse Flocki, die die Geschehnisse mit einem milden «Wuff» quittierte und alles wie eine professionelle Therapeutin verständnisvoll abnickte. Schnell waren wir drei einig, dass vor einer verbindlichen Anmeldung bei der Musikschule besser noch Zeit ins Land ziehen sollte. Zum einen ist Simon dann schon eine Ecke älter, außerdem sollen Musiklehrerinnen – natürlicher Fluktuation sei Dank – ja gelegentlich mal durchwechseln. Doch auch ohne schulterfrei musizierende Esoterikerinnen sollten unsere Abenteuer nicht abreißen …

Vierunddreißig Monate

Schnupper-Maiandacht mit Riesenpizza

«Jup-pi-tü! Ja-pa! Pa-pa! Mai-an-dacht! Mai-an-dacht!!!»

Wenn das mal keine extraordinäre Begeisterung war! Zuerst verstand ich nur Bahnhof, dann entdeckte ich das vielfarbige Riesenplakat in der Glastür des katholischen Kindergartens, in dem Simi neuerdings einmal pro Woche probeschnuppern durfte.

Am zweiten Freitag im Mai findet um 11 Uhr unsere diesjährige Kindergarten-Maiandacht in der Pfarrkirche statt – wir freuen uns auch über möglichst viele Begleit-Mamas!

Aha, daher wehte der Wind.

«Du kommst doch mit!? Ja, Papi? Suupiii!»

«Erst mal Mama fragen! Vielleicht will die mit.»

Wir riefen Liane an. Ihre Antwort überraschte mich nicht: «Nee, mach *du* mal.»

Eigentlich hatte ich zig andere Sachen vorgehabt: Unser neun Jahre alter Golf brauchte dringend einen neuen Ölfilter, außerdem klapperte die Vorderradaufhängung, das Treppengeländer wartete schon seit Jahren auf einen flotten Anstrich, die wuchernden Gartensträucher verhinderten jegliche Sonneneinstrahlung ins unaufgeräumte Wohnzimmer. Aber auf ein paar Tage mehr oder weniger kam es da nicht an. Und etwas himmlischer Beistand hat noch keinem geschadet … also okay. Ab jetzt flippte Simi jeden Tag schier aus, wenn wir auch nur in die Nähe der Plakat-Glastür kamen.

Wie gewünscht radelte ich pünktlich zum Gotteshaus, um mit meiner Anwesenheit elterliches Interesse zu demonstrieren, man will ja nicht schon vor Beginn der Kindergartenzeit negativ auffallen.

Sie waren alle schon da, inklusive den «Probeschnupperern», etwa 100 an der Zahl, und warteten geduldig wie die Orgelpfeifen vor der Kirchentür. Dann schlurften sie, kaum dass ich mein Fahrrad abgesperrt und an die Kirchenaußenmauer gelehnt hatte, schön friedsam in Zweierreihen rein. Bis jeder seinen Platz gefunden hatte, das dauerte. Allmählich dämmerte es mir im düsteren Zwielicht: Ich war auch hier wieder das einzige männliche Wesen über sechs Jahre, noch nicht mal der Pfarrer gab sich die Ehre. Nur der Mesner schaute kurz rein, verschwand aber sofort wieder, als er sah, dass für den Klingelbeutel nichts zu holen sein würde. Alle starrten mich an, als wäre ich der Heilige Geist höchstpersönlich. Dabei liegt mein Theologiestudium zig Jahre zurück, und einen Heiligenschein habe ich dort ganz gewiss nicht erworben.

> «In der Bibel heißt es: ‹Wo der Vater ist, da ist auch der
> Sohn.› Bei den Ehmanns ist es so: ‹Wo der Sohn ist,
> da ist auch der Vater nicht weit.›»
> *Unser Pfarrer*

Für alle, die religiös nicht so firm sind: Eine Maiandacht ist eine traditionelle spirituelle Zusammenkunft, in der im Wonnemonat mit Liedern und Gebeten der Gottesmutter Maria und allen anderen Müttern (auch den weniger heiligen) gedacht wird. So eine Art «kirchlicher Muttertag», wo sich Mamis selber feiern. Männer sind zwar durchaus erwünscht, aber meistens ähnlich rar wie in der Damensauna.

Wie die Feier ablief? Nun ja, die freundliche Kindergartenleiterin begrüßte «den einzigen Schnupper-Papa» sogar namentlich. So weit, so unnötig. Die Kinder kicherten sich schon mal warm. Schnell machte sie mich mit der spirituellen Agenda vertraut und spannte mich spontan ein (stellvertretend für die abwesenden Kindergarten-Muttis, die sich eigentlich angesagt hatten). Sehr zu Simis Freude – er blinzelte mir zu, als wollte er sagen: «Jetzt zeig mal, dass ich zu Recht stolz auf dich bin, Papa! Vielleicht geht's etwas besser als neulich im Zirkus!»

Ohne mich lange zu zieren, stellte ich mich sämtlichen Erfordernissen und las mit morgendlicher Kratzestimme die Mariengeschichte ab, warf den Dauer-Kicherern tadelnde Blicke zu, entflammte dramaturgisch perfekt diverse Gedenkkerzchen und schrubbelte mit den Kids in Gruppenarbeit Bildchen mit Buntstiften aus. Wir trällerten Songs, die mit mir als Vorsänger bestimmt keinen Engel von seiner Wolke lockten. Abschließend half ich noch mit, 103 Sternenmedaillen an die bestens gelaunten Kids zu verteilen. Draußen wartete überraschenderweise ein weiterer Vater im silbergrauen Mercedes-Cabriolet, um seinem Töchterlein den Rückweg zu ersparen. Warum war der eigentlich nicht reingekommen?

«1 Vater + 1 Vater = 2 nützliche Idioten»
Georg Danzer, Kult-Liedermacher
(dreifacher Vater)

Warum meiden eigentlich moderne Mütter und Väter Maiandachten? Schwer zu sagen, also ich fand es durchaus unterhaltsam. Und 10-mal inspirierender, als zu Hause mit einer Tüte Chips bei *Kallwas & Co.* oder *Richterin Barbara Salesch* abzuhängen.

Mit ein paar Kindern teilte ich mir im Anschluss beim Imbissstand gegenüber der Kirche noch eine Mega-Familienpizza. Mann, hatten die alle einen Riesenappetit! Ausgehungerten Wölfen gleich fielen sie über die Elefantenportion her, für mich blieben ein paar Randteile vom knusprigen Holzofenstück übrig. Sollten die Kids sich halt satt essen, wer weiß, welche Kaninchenkost im Kindergarten auf sie wartete! Allerdings hätte mich gerade jetzt brennend interessiert, ob der Fische-Trick des genialen Zauberers aus Galiläa wohl auch mit Pizzen funktioniert hätte? Denn als ich heimradelte, hing mir mein Magen irgendwo auf Kniehöhe. Dumm gelaufen.

*

Als ich Simi nachmittags vom Probeschnuppern abholte, legte er mir den Zeigefinger auf den Mund, um zu signalisieren, dass ich mal kurz ruhig sein sollte (Papas haben immer etwas zu erzählen). Dann winkte er mich näher ran und flüsterte verschwörerisch: «Hör mal, ich muss dir was sagen.»

Ich lauschte angestrengt mit meinem tinnitusgeschädigtem rechten Ohr, er flüsterte fast unhörbar: «Papa, die Maiandacht war supi-iii. Echt quieki (= zum Quieken).»

Seit diesem Tag umgab mich wohl tatsächlich so eine Art Heiligenschein, wenn ich auch nur in die Nähe des Kindergartens kam, jeder Wunsch wurde mir von den freundlichen Mitarbeiterinnen von den Augen abgelesen. Offensichtlich hatte sich mein Auftritt bei der Maiandacht herumgesprochen und ich hatte bei den Kindern einen ebenso exotischen wie sympathischen Eindruck hinterlassen. Dies führte schließlich dazu, dass mich mehrere Mütter von Simis künftigen Kindergartenkollegen um Unterstützung bei ihren Kindergeburtstags-Events baten. Bis auf Weiteres lehnte ich geschmeichelt, aber dankend ab. *So sehr* sah ich mich dann doch nicht als Alleinunterhalter.

Fünfunddreißig Monate

Wie du mir, so ich tier

So musste sich Eichendorffs Taugenichts gefühlt haben, als er auf seiner langen Wanderung vor vielen vielen Jahren im 19. Jahrhundert auf einer frisch gemähten Frühsommerwiese an einem idyllischen Bergsee am Waldrand – alle Viere von sich gestreckt – den Duft der Tannenbäume atmete und sorgenfrei in die Sonne blinzelte. Ihre Strahlen spielten mit See und Schilf. Es war knalleheiß, das Gras verdorrte in der Sonne, unsere Bratwürstchen schmurgelten friedlich auf dem Grill. Ich lag da, still, Gelassenheit atmend, wie ein Blinder, der auf den Luftzug der sich öffnenden Tür lauscht, da ging neben mir die Welt unter.

«Uah! Uaaaaaah! Paaa-paaa! Schnell!»

Simis Sirene in dieser Lautstärke – das konnte nur zweierlei heißen: Entweder war ihm brandheiß eingefallen, dass er seit Stunden nichts mehr zwischen seine Rippen bekommen hatte; oder er wurde gerade von einer besonders fiesen Stechfliege terrorisiert. Diesmal war es weder das eine noch das andere, es hatte «nur» seinen quietscheroten Schaufelradbagger (ein vorgezogenes Geburtstagsgeschenk seiner Lieblingstante Martina) erwischt. Nigelnagelneu und krass teuer, das Teil. Ein etwa fünfjähriger Junge mit schwarz-weißer Totenkopf-Sonnenkappe hatte ihm das Maschinenmonster entrissen und in einem Anfall von plötzlicher Langeweile mehrmals gegen den Steinboden geschlagen. Bumm! Peng! Zosch! Die nach allen erdenklichen Seiten schwenkbare Baggerschaufel zerbrach, reparieren war da nicht mehr.

Die Mutter des Jungen saß regungslos auf ihrem Handtuch wie eine Glucke auf dem Ei und wühlte unbeteiligt in der Kühltasche, die in etwa die Größe eines Reisekoffers hatte. Daher mischte ich mich ein: «Hey, was sollte das denn eben?»

«Blödmann!» Der Junge drehte sich um, huschte hinter den nächsten Busch und zeigte uns die lange Nase. Glaubte der im Ernst, wir würden mit ihm bei diesen Temperaturen Fangen spielen? Frau Mama, die hinter ihrer Angelina Jolie- Sonnenbrille alles beobachtet hatte, machte noch immer keinerlei Anstalten, sich ihren Sprössling zur (kaum vorhandenen) Brust zu nehmen.

«Hallöchen, Ihr junger Mann hat soeben unseren neuen Schaufelbagger pulverisiert, sehen Sie mal», sagte ich so gelassen wie möglich, aber doch mit gewisser Schärfe.

«Was soll's? Offenbar haben Sie wenig Ahnung von Kindern, so was ist bei denen doch völlig normal», wanzte sie mich an. Simi hatte aufgehört zu schreien, lauschte gebannt dem sich zuspitzenden Dialog.

Ich: «Das wäre mir aber neu.»

Schweigen am See.

«Wollen Sie das gar nicht mit Ihrem Junior besprechen?»

Sie gähnte gelangweilt und drehte sich demonstrativ auf die andere Seite. Ich machte ein paar Schritte auf sie zu.

«Hallohallo, ich rede mit Ihnen! Haben Sie gar nichts zu sagen?»

Sie (genervt): «Mann, was ist denn los? Jeder von uns hat doch schon mal was kaputt gemacht. Sie etwa nicht?», waffelte sie. «Außerdem hätte ich dann viel zu tun. Überhaupt: Sind Sie hier der Oberaufpasser, der am Badesee rumstänkert, wo sich die Leute erholen wollen?»

Patsch! Das saß. Verbale Ohrfeigen sind fast noch heftiger als echte, sie tun nämlich länger weh. Es war sinnlos – und viel zu heiß, um sich lautstark aufzuregen.

«Frauen sind die Juwelen der Schöpfung.
Man muss sie mit Fassung tragen.»
Heinz Ehrhardt

Ärgerlich wandte ich mich um und wollte gerade zurück zu unserem Liegeplatz gehen, da bemerkte ich aus dem Augenwinkel, dass Simi den orangenen Kipplaster des jungen Zerstörers, liebevoll zwischen Badetuch und Sonnenschirm geparkt, entdeckt hatte und sich ihm entschlossenen Schrittes näherte. Ruckzuck schnellte die übrig gebliebene Baggerschaufel des Wracks herunter und traf ihn an einer neuralgischen Stelle, so dass er sauber zweigeteilt war. Kritzschkratsch, krabumm. Obwohl ich ein Gegner der Auge-um-Auge-Philosophie bin, triumphierte ich innerlich. Der Totenkopf-Pirat tobte, die Mutter knurrte, aber so ist es nun mal: Jeder hat schon mal was kaputt gemacht. Die Proteste aus der anderen Ecke kümmerten uns nicht weiter, erledigt ist erledigt. Themenwechsel!

«Willst du was trinken?», versuchte ich Simi wieder auf Spur zu bringen. Er leerte die Flasche in Rekordzeit. Dann klemmten wir uns unsere Handtücher samt Grill unter den Arm und zogen ein paar Meter weiter in Richtung Halbschatten. Die Würstchen, die wir vor lauter Aufregung vergessen hatten, waren mittlerweile 1 a-Brandstäbchen geworden. Aber wir hatten gottlob genügend Ketchup dabei und obendrein einen Riesenhunger. So weit, so lecker. Doch ich wurde das Gefühl nicht los, dass wir noch etwas erleben würden.

«Sprach der Vater zum Sohn: ‹Merke dir:
Es gibt nicht so viel schwarze Tag im Jahr,
als ein schwarzer Fuchs am Schwanz hat Haar.›»
Hintergründiger Stabreim

Zehn Minuten später: Simi spielte jetzt mit seinen drei farbigen Locheimern, da näherte sich seitlich vom Waldrand her ein nicht angeleintes, hektisch kläffendes Winzlings-Hündchen der Liegewiese mit dem «Hunde verboten»-Schild, das Seeufer unentschlossen taxierend, um einen geeigneten Platz für sein großes Geschäft zu finden. Das Wesen mit dem rosaroten Schleifchen *fand* diesen Platz – einen Meter seitlich von Simi direkt neben seinem Gurkensalatteller im platt getretenen Gras. Die Tomaten bekamen ein paar Hundespritzer ab, ein Besitzer war nirgends auszumachen. Noch bevor ich reagieren konnte, griff Simi beherzt nach seinem blauen

Locheimer und schleuderte ihn in Richtung des gerade stark beschäftigten Wuschelvierbeiners. Der Zwergpinscher heulte verblüfft auf, als das Plastikteil auf seinem porzellanpuppengroßen Kopf landete. Mit dieser Zielsicherheit hatte selbst ich nicht gerechnet, wie hätte der Hund das ahnen können? Sein hochfrequentes Bellen ging in hysterisches Winseln über, das Geheule unter dem Plastikgefängnis war so erbärmlich, dass ich Simi überzeugte, das 300-Gramm-Lebendgewicht nicht länger zu traktieren, sondern schnellstens zu befreien. Andernfalls liefen wir Gefahr, dass das Zamperl augenblicklich einen «Karoshi» (japanisch für «plötzlicher Herztod») erleiden würde. Gehorsam riss Simi seinen Eimer wieder an sich, dafür stülpte er jedoch ersatzweise ein Plastikförmchen über die Winzlingsnase und platzierte ein zweites auf dem (wieder) unbehelmten, schwach behaarten Köpfchen. Der Zwergpinscher gab diesmal ein lang gezogenes schauerliches Heulen von sich, wie ein Wolf, hätte man vielleicht gesagt, wäre die Assoziation in diesem Kontext nicht einfach zu albern.

Inzwischen war auch die Hundebesitzerin an der Wiese angekommen: eine etwa fünfundsechzig- bis siebzigjährige Dame im Altdamenstrick mit hoch geschlossener Rüschchenbluse, Sonnenhut und zusammengerollter Leine, die sie mit ihrem armreifbesetzten Handgelenk wie ein Lasso schwenkte.

«Pinky, komm her! Pihihinky!!! – Kommst du jetzt, Pinkily?», rief sie mit asthmatischer Stimme. Trotz allem musste ich lächeln.

Die doppelgeschockte Pinky saß da wie angewurzelt und schielte hypernervös zitternd von einem zum anderen. Klar, das Minihundemädchen musste erst einmal die Lage checken. Als sie gewahr wurde, dass ihr Peiniger von ihr abließ, zuckte sie ganz kurz wie vom Blitz getroffen zusammen und spritzte in einer Geschwindigkeit, die ich dem kleinen Wesen nie zugetraut hätte, davon. Den gleichen Weg, den sie gekommen war.

«Entschuldigen Sie bitte. Tut mir leid, wenn sie Sie belästigt hat», keuchte ihre Besitzerin, noch immer atemlos. Die Schweißperlen standen ihr auf der Stirn.

«Kein Problem, so schlimm war's ja nicht. Wir haben uns gerade schon bekannt gemacht», entgegnete ich lachend. Für diese Bemerkung erntete ich von Simi einen verständnislosen Blick. Leicht ironisch ergänzte ich noch: «Hoffentlich erholt das Mädel sich schnell wieder von dem Schreck.»

«Papa plappert Quark.»
Ernie aus der Sesamstraße

Ohne Zeit zu verlieren, wandte sich die Oma um und sprintete ihrem Hündchen hinterher, das man in der Ferne noch durch sein Hoppeln im Gras schemenhaft erahnen konnte. Auch eine Möglichkeit, fit zu bleiben. Dann war wieder Ruhe am See. Allerdings nicht lange.

«Papa, hilfst du mir? Bitte!», kam es von der Seite.

Ich zögerte, weil ich noch immer gedanklich bei Pinky war. Hoffentlich hatte Simi das Hundemädchen nicht zu hart angefasst!

«Bittäääh!!!!»

Jaja, ich bin ja schon da, mein Sohn!

Wie hyperaktive Hasen buddelten wir um die Wette, zogen Gräben und matschten uns gedanklich frei. Simi rieselte Puderzucker-Sand durch ein Sieb auf unsere galaktische Ritterburg. Zum Schluss drückte er Flocki als Wachhund in den Wassergraben (sie sah danach aus wie ein Wildschwein), bemerkte dazu: «Schau mal, das ist Pinky!», und steckte oben in die Spitze einen Birkenzweig rein: unsere Fahne. Fertig.

Sandburgen, von Vater und Sohn gemeinsam an einem wunderschönen Tag unter freiem Himmel erbaut, was gibt es schöneres? Vaterglück misst man ohnehin nicht in Jahren oder Tagen, sondern in kleinen Augenblicken, die man nie vergisst. Simi juchzte außer sich vor Begeisterung: «Papa, die Burg ist toll geworden.»

Fand ich auch. Ehrlich. Kinder vergessen schnell. Jedenfalls das, was man schnell vergessen sollte. Wir sahen aus, als hätten wir uns stundenlang im Schlamm gewälzt. Bloß gut, dass große und kleine Jungen abwaschbar sind.

✳

Am Nachthimmel gibt es Sterne, die besonders hell leuchten. Sie produzieren eine so große optische Anziehungskraft, dass um sie herum kein Raum für irgendwas anderes ist. Und wenn man sie durch ein Teleskop betrachtet, merkt man, dass sie einen kleinen Schatten neben sich haben. Wir standen gemeinsam am Fenster und fragten uns, wie es wohl wäre, eine Weile auf dem heute besonders hell leuchtenden Vollmond zu leben. Da sagte Simon:

«Mond anfassen, Papa!»

«Das geht nicht. Den kann keiner anfassen, der ist viel zu weit weg.»

«Gaaaanz lange Leiter kaufen, Papa!»

«So eine lange Leiter gibt es nicht, da musst du schon mit der Rakete hinfliegen.»

«Hmm ... Ja.»

«Bleib aber besser bei uns, hier ist es gemütlicher.»

«Rakete auch gemütlich.»

Einige Sekunden Gesprächspause. Dann:

«Papa, Hunde auf dem Mond?»

Aha, das Nachmittagserlebnis ...

Ich: «Nee, gibt's da nicht. Auch keine Menschen. Und kein Wasser. Nur alte Steine.»

«Bald im Kindergarten, muss ich noch viel lernen.»

«Was musst du noch lernen, Bär?»

«Rakete fahren, Auto fahren, Fußball spielen. Und Hund anfassen. Aber Papa auch noch viel lernen ...»

«Die strengsten Richter eines
Mannes sind seine Kinder.»
Thornton Wilder

Sechsunddreißig Monate

«papa in concert» beim Kindergeburtstag

Ob Piratenparty, Erlebnispark oder Topfschlagen: die Logistik beginnt schon Wochen vor dem eigentlichen Event. Da werden kreative Einladungskarten gestaltet, Kinderbackbücher durchgewälzt, Schatzkarten präpariert. So ein Kindergeburtstag soll ja auch etwas ganz Besonderes werden. Der schönste Tag im Jahr – für die Kinder. Doch die Hilfe-Foren im Internet quellen über: scheinbar tränenüberströmt gestehen sich dort Muttis, dass sie noch keine zündende Idee für die Party ihrer Zweijährigen haben, berichten von Panikattacken, weil der letzte Geburtstag ein Fiasko war – «auf unserer Südseeparty mochten alle die alkoholfreien Cocktails nicht!» – und bitten verzweifelt um Anregungen für die perfekte Prinzessinnentorte.

Ich persönlich liebe Geburtstagsfeiern, besonders Kindergeburtstage. Aber bitte ohne Panik. Die kommerziellen Angebote heutzutage, sofern man sich dazu entschließt, sind so einfallsreich, dass niemand sich schon im Vorfeld stressen muss: Hüpfburg mit Kletterparadies im fast-food-Tempel, Zoo-Eisenbahn oder Goldwaschen im cityriver. Wer es individueller haben möchte und 150 Euro locker machen kann, bucht einen Clown oder einen Survival-Tag mit Seilbrücken-Bau, Bogenschießen oder Lagerfeuer. Wie einförmig waren dagegen doch meine eigenen Kindergeburtstage abgelaufen, als ich vielleicht ein Puzzle geschenkt bekam und wir stundenlang Memory spielten! Trotzdem sind sie mir positiv in Erinnerung geblieben.

Warum diese ausführliche Intro? Nun, einer von Simis Spielparkkollegen feierte neulich seinen dritten Geburtstag. Nichts Besonderes, sollte man meinen. Besonders war nur, dass Simi eingeladen war, aber eigentlich gar nicht hingehen wollte, weil dieser Junge nicht sein Freund, sondern «nur Kollege» sei – Kinder sind ja sehr feinfühlig. Andererseits ist es eine Ehre eingeladen zu sein, also sollte man doch zumindest kurz vorbeischauen, so eine Einladung hat sicher auch einen Grund.

«Dann musst du aber mitkommen, Papa», forderte Simi, «alleine gehe ich nicht.»

«Ja klar, die Mamas *sollen* ja sogar mitkommen. Steht extra auf der Einladung.»

Die Mamas! Von Papas keine Rede. Deshalb rief ich vorsichtshalber vorher an, um die Lage zu checken. Das ging klar, frau hatte ohnehin mit nichts anderem gerechnet. Der Name des Geburtstagskindes tut hier eigentlich nichts zur Sache, ich erwähne ihn trotzdem, weil sein Name Programm ist: Ludwig (althochdeutsch «lauter Krieger»)!

Wir hatten so etwa drei bis vier Kinder mit ihren Müttern erwartet. Erste Vorahnungen überkamen mich, als wir vor dem blassgrün angestrichenen Vorstadtreihenhaus Marke Hundehütte kaum einen Parkplatz finden konnten.

«Aha, Nummer 13 ist da!», rief Ludwigs Mutter schon lautstark durch den Garten, noch ehe Simi überhaupt den kuriosen Mäuseklingelknopf betätigen konnte. Nummer 13. Gutes oder schlechtes Omen?

Als einziger Bringpapa wollte ich mich nicht an den Mama-Tisch setzen, also pflanzte ich mich zu den Kids, die das «endgeil» (O-Ton eines Vierjährigen!) fanden. Dass ich nicht darauf reagierte, als mit ihren Torten und Kuchen matschten, hielten sie für «turbostark». Seltsam fand ich, dass keine der Super-Mamis eingriff. Wahrscheinlich wartete jede auf ein Signal der anderen … oder sie erwarteten, dass ich mich einmischte, nur weil ich am Kindertisch saß. Da warteten sie jedoch vergebens, denn warum sollte ausgerechnet ich als einziger Papa … nun, Sie verstehen, was ich meine.

«Hasstu keine Eier in der Hose, Mann?»
Samy Deluxe

Da drückte mir die Gastgeberin eine plastikbesaitete Discounter-Gitarre in die Hand und befahl: «Spiel doch mal was! Wie man so hört, sollst du ja mal ein Supergitarrist gewesen sein.» *Gewesen*, das traf es. Aber wer erzählte denn sowas?

Ich saß da wie Pique 7, machte auf Freak und klampfte mir einen ab. Man will sich ja wenigstens *etwas* nützlich machen, wenn man anderen Leuten schon ihre Erdbeerschnittchen wegisst. Meine Eric Clapton-Imitation klang aber mehr nach Katzenmusik, weil die Kids immer wieder in den Steg griffen und meine kunstvoll gegriffenen Akkorde in schräge Dissonanzen verwandelten. Das Instrument jaulte jetzt wie ein kehlkopfkrankes Nilpferd. Das war nicht Dur und nicht Moll, das war Proll.

Der Zeitplan von Ludwigs Mutter war straff durchorganisiert, da blieb kein Raum für Leerlauf oder gar spontane Spiele. Mein Gitarrengedaddel war so eine Art Klanggeplätscher, und die beiden Background-Miezen – Ludwigs ältere Schwestern – quietschten wie grammyverdächtige Pop-Sirenchen. Tapfer kämpften wir gegen den sich immer mehr verstärkenden Lärmpegel an, die Kids grölten lautstark mit und testeten die Belastbarkeit der mondänen Rolf-Benz-Sitzgruppe.

Was soll ich sagen: Nach fast drei Stunden Essensschlacht samt Konzerteinlage war ich total k. o., Simi war total k. o., die anderen Kinder und deren Mütter waren total k. o., von Ludwig und seiner Mutter als Gastgeber gar nicht zu reden, die waren sowas von durch den Wolf. Und ich? Lassen wir das.

«Dann schlafen die Kinder heute nacht wenigstens gut», lautete der allgemeine Tenor beim Abschied, und jeder Gast bekam noch eine Mitgebsel-Tüte mit Lutschern, Spielzeugauto, Puzzle und Gummibärchen in die Hand gedrückt. Ach ja: Ludwig fehlte daraufhin fast zwei Wochen in der Spielgruppe; das Gerücht hielt sich hartnäckig, er und seine Mama hätten erst mal Erholung gebraucht.

«Papaaa, warum wurden denn gar keine Spiele gemacht auf dem Burztag?», fragte Simi mich auf der Heimfahrt.

«Also, *ich* habe die ganze Zeit gespielt», gab ich lachend zurück. Er warf mir einen ebenso verständnislosen wie bitterbösen Blick zu.

Wenige Wochen später stand Simis dritter Geburtstag an, mir schwante bereits Böses. Jedoch lud er nur seinen allerbesten Nachbarfreund ein, in der Kinderpark-Spielgruppe weigerte er sich hartnäckig zu feiern. Nicht mal eine Wienerwurstrunde mit Brezeln – wie allgemein üblich – wollte er ausgeben, zur Verwunderung der Erzieherin. «Das kann ich gar nicht so recht einordnen», sagte sie achselzuckend. Ich schon, ich schon ... Ein Mann lächelt. Und schweigt.

Nichts vergeht schneller als drei Jahre elterlicher «Urlaub». Wohin war die Zeit entschwunden? Wohin meine ehemals ganz akzeptable Figur? Mit Kind lösen sich die Tage, Wochen und Waschbrettbäuche schneller auf als Schokoüberraschungseier im Mund, der Alltag ähnelt zuweilen einem Expresszug ohne Bremsen.

Für mich stellte sich auch noch eine ganz andere Frage: Hatte ich nach drei Jahren Komplettauszeit in der aktuellen Arbeitswelt überhaupt noch eine reelle berufliche Chance? Waren gewisse Entwicklungen nicht völlig an mir vorbeigezogen? Volkswirtschaftlich gesehen war ich als Männer-Mutti doch gar nicht existent – sondern ein Cash-Nullinger, der keinen Cent zum Haushaltsbudget, geschweige denn zum Bruttosozialprodukt, beitrug und statt dessen das Geld seiner Liebsten ausgab. Seit meinem 18. Geburtstag hatte ich meinen Lebensunterhalt selbst verdient, jetzt mit 43 Jahren baute ich kunstvolle Legoleuchttürme und hielt ehrenamtliche Benjamin-Blümchen-Lesungen in der KITA ab. Kein akzeptabler Dauerzustand, schon gar nicht für einen Mann in den besten Jahren. Höchste Zeit, mal wieder etwas «Vernünftiges» zu tun. Etwas, das auch in Euro und Cent bezahlt wurde und nicht nur einen feuchtwarmen Händedruck einbrachte.

Nach etwas mehr als 1100 «Ferientagen», was sogar für Lehrerverhältnisse viel ist, wollte ich es wissen und ließ daher folgenden Versuchsballon steigen:

«Da meine Elternzeit Ende Juli 2008 ausläuft, stelle ich hiermit einen Teilzeitantrag mit reduzierter Wochenstundenzahl: Mo., Di., Mi. jeweils 5 Unterrichtsstunden. Bitte teilen Sie mir mit, ob Sie nach den Ferien so mit mir planen könnten.

Mit freundlichen Grüßen ...»

Die Antwort kam prompt. Antrag abgelehnt, betriebliche Bedürfnisse blubberblubberblabla. Um ganz offen zu sein: Ich hatte auch gar nichts anderes erwartet.

So weit, so ungut. Was tun? Die juristische Keule ziehen, meinen Rechtsanspruch auf Arbeit unnachgiebig einklagen und noch mehr Porzellan zerschlagen? Nicht mein Ding.

Hinzu kam noch etwas anderes: Nach dem ganzen Hickhack *zu Beginn* meiner Elternzeit hatte ich, Unkündbarkeit hin, Unkündbarkeit her, im Innersten meines Vaterherzens auf diese Verbildungsanstalt sowieso keine Lust mehr. Dienst nach Vorschrift, Motivationslöcher, Flucht in den Zynismus, vielleicht sogar Burnout wie so viele meiner Ex-Kollegen? Nö, danke. Nach meinem Idealverständnis muss ein Lehrer «brennen» und Begeisterung vorleben, sonst holt er heute keinen Schüler mehr vom iPod weg. Nach drei Jahren «Auszeit» war ich wieder hungrig nach neuartigen außerhäuslichen Herausforderungen. Doch wie genau sollte das aussehen: neue Schüler? neue Schulart?

Hinein in die fröhliche Bewerbungsschlacht. Jahrelang hatte ich meinen Absolventen geholfen, Bewerbungen zu formulieren, und wusste dabei alles besser. Jetzt war *ich* es zur Abwechslung, der für jeden wirklich guten Ratschlag dankbar war.

Die Reaktion vonseiten der blind angeschriebenen Bildungsstätten? Gleich null. Selbst hartnäckige telefonische Nachfragen führten ins Nirvana, immerhin tröpfelten einige spärliche Vertröstungsbriefe ein ... und dann doch noch das kaum mehr für möglich gehaltene Happy End: Rund sechs Monate nach meiner ersten Anfrage rissen sich einige Schulen förmlich um mich. Irgendwie herrschte urplötzlich von einem Tag auf den anderen akuter Lehrermangel, und wahrscheinlich erkannten einige hoch angesehenen Institute die einmalige Chance, einen breit qualifizierten Elternzeit-Diplom-Inhaber mit bärenstarken Nerven anzuheuern, den so schnell nichts mehr aus der Ruhe bringen konnte, schon gar nicht ein paar lärmende Teenies im Klassenzimmer. Ich hospitierte da und dort ... und entdeckte zu meiner eigenen Überraschung mein Faible für erwachsene Fachakademie- bzw. katholische Fachschul-Studis, die im Gegensatz zu meinen früheren Gymnasis, Realis und Legasthenis ziemlich genau wussten, was, wohin und vor allem *wen* sie wollten. Das Arbeitsleben hatte mich wieder, exakt in der von mir gewünschten Teilzeit-Wochenstundenzahl. Und die Klassenstärken? Kein Vergleich zu meiner alten Schule. Und der Haken?

Nicht vorhanden. Also doch noch Ende gut, alles gut. Sogar weiterhin Zeit für Küche, Kind und Kegelbahn.

Weiter so, Simi!

Für mich, den notorischen Grübler, waren die drei Jahre eine ganz neue Erfahrung gewesen. Denn hier stand zur Abwechslung mal nicht ich im Mittelpunkt, sondern es gab etwas *für jemanden anderen zu tun*. Das Auffällige: Je mehr ich von mir gab, umso mehr kam zurück, und umso weniger kreiselte (und kriselte) mein unruhiges Rückwärts- und Seitwärtsdenker-Hirn um sich selbst. Wer hätte das anfangs gedacht!? Identität gewinnt man eben nur durch Taten, nicht durch Grübeln. «Der Alte würfelt nicht!», soll Albert Einstein mal über Gott gesagt haben. Falls es jemals einen Zweifel daran gegeben haben sollte: Der Mann hatte nicht nur Ahnung von Atomen, sondern auch vom Leben und seinen Fügungen.

Hinzu kommt: Kinder sind die besten Lehrmeister, die man sich vorstellen kann, sie teilen uns unentwegt etwas mit … sofern man nicht mit Scheuklappen durch die Gegend brettert und grundsätzlich offen ist für kindlich-kreative Denkanstöße. Ob ich wenigstens ab und zu *etwas* von dem verstanden habe, was Simi mir mitzuteilen versuchte? Keine Ahnung. Allerdings habe ich mich im Nachhinein öfters gefragt, wie und wo ich wohl heute vor mich hin wursteln würde, wenn Simi nicht zu diesem Zeitpunkt *geworden wäre* und mich an seiner kleinen, speckigen Hand exakt dorthin geführt hätte, wo er es alleine noch nicht schaffen konnte, wo drei Jahre lang *sein und mein ganz persönlicher Platz in diesem Universum war*.

«Walk on, through the wind,
Walk on, through the rain,
Though your dreams be tossed and blown.
Walk on, walk on with hope in your heart,
And you'll never walk alone,
You'll never walk alone.»
Stadionspruch an der legendären Anfield Road des FC Liverpool
(als Song auf der LP «Meddle» von Pink Floyd, 1972)

15 Experten-Tipps für Elternzeit-Exoten

> «Vater sein ist ein bisschen wie fliegen. Sie sind der Pilot
> und versuchen die Reisegeschwindigkeit zu halten,
> während Sie trimmen, Kurs anpassen und das
> Flugzeug heil durch ein bis zwei Stürme steuern.»
>
> *Steve Biddulph*

Die Tätigkeit des Vollzeitvaters ähnelt weitgehend der eines Sporttrainers. Läuft alles glatt, ist dieser ein gefeierter Held, jede/r würde am liebsten mit ihm tauschen – Motto: «Das kann doch jeder!» Kommt es aber zu einer anhaltenden «Niederlagenserie», etwa Baby-Schreiattacken in der Umkleidekabine, Irritationen an der Spielplatzseitenlinie bei gewissen «Auswärtsspielen» oder gar vermeidbaren Verletzungen des Superstars (sprich: des Babys), so trägt der Elternzeit-Exot nach Ansicht Außenstehender die alleinige Schuld an diesen offenkundigen Miseren, weil er coachingmäßig eben nichts, aber auch gar nichts im Griff hat. Da Mutti den Betreuer ihres Kindes jedoch nicht einfach feuern kann wie der Vereinspräsident einen unliebsam gewordenen Trainer (es gibt einfach zu wenig geeignete Ersatzmänner, die den frei gewordenen Schleudersessel so ohne weiteres übernehmen könnten), sind statt dessen innerhäusliche Krisensitzungen die logische Konsequenz (vorausgesetzt, dass *er* nicht von sich aus entnervt das Handtuch wirft und erleichtert in die Tretmühle der Vollzeit-Arbeit zurückkehrt). Das schadet nicht nur der Eigenmotivation des Betreuers, sondern kann das ganze Familiensystem immens belasten. Um dies zu vermeiden, empfehle ich prophylaktisch folgende vorgezogenen Trockenübungen als Vorbereitung auf das anspruchsvolle «Traineramt» als Elternzeit-Exot:

1. Vorübung: Beginne spätestens, sobald der Mutterpass deiner Partnerin erstellt ist, mit regelmäßigem Krafttraining, und sei konsequent damit – du wirst jeden Muskel brauchen. Selbst ein süßes Sechs-Kilogramm-Baby wird, wenn du es es eine halbe Stunde im Arm geschaukelt hast, irgendwann schwer wie ein Sack Kartoffeln. Wenn das Kind dann da ist: Windeln häufig wechseln, lieber einmal öfter – reduziert das Tragegewicht.

2. Vorübung: Trotte abends drei Stunden mit einem sechs Kilogramm schweren Kartoffelsack durch die Wohnung. Lege für die Tagesschau den Sack ab, stelle den Wecker auf Mitternacht und gehe dann schlafen. Springe zur Geisterstunde ohne Anlaufphase hoch und schaukle den Sack bis 1 Uhr – kein Licht anmachen. Stelle jetzt den Wecker auf 3 Uhr. Stehe, weil du nicht einschlafen kannst, um 2 Uhr auf. Lege dich um 2:45 Uhr wieder hin. Wenn um 3 Uhr der Wecker klingelt – singe stimmungsvolle Liedchen im Dunkeln bis 4 Uhr. Stelle den Radiowecker auf 5:30 Uhr. Lass dich vom gut gelaunten Moderator der «morning show» wecken, mache das Frühstück und ein fröhliches Gesicht. Und das eine Woche lang.

3. Vorübung: Knöpfe dir ein Elternpaar vor und kritisiere es nach Strich und Faden: seine Erziehungsmethoden, Ungeduld und Intoleranz. Kein Wunder, dass seine Kinder nicht folgen! Erkläre den beiden, wie sie ihre Kinder dazu bringen können, ohne Quengeln ins Bett zu gehen, sich ordentlich zu waschen, sich bei Tisch und überhaupt gut zu benehmen. Weide dich in deiner Allwissenheit – es ist das letzte Mal, dass du auf alles eine Antwort hast. *(nach: Steve Biddulph, Lieben, lachen und erziehen)*

4. Vorübung: Ziehe deine Jacke an, warte dann geduldig fünf Minuten, bis alle Socken und Schuhe gefunden bzw. sämtliche Schnürsenkelknoten entwirrt sind, bevor du das Haus verlässt. Kehre um, hole Taschentücher. Gehe wieder hinaus. Gehe ein paar Meter auf dem Gehweg. Kehre erneut um, hole eine Wasserflasche. Streife den Weg nochmals ab, gaaaaanz gemütlich: Du hast sieben Minuten Zeit. Bestaune in Ruhe jede Zigarettenkippe, jeden ausgespuckten Kaugummi und jedes tote Insekt. Schreie dann, dass du das Trödeln satt hast. Beruhige dich erst, wenn alle Nachbarn die Fenster aufreißen und lautstark ihr Recht auf Ruhe einfordern. Jetzt ungefähr dürfte dein Kleinkind ausgehbereit sein.

Diese vier a priori-Übungen dienen lediglich der vorbereitenden Abhärtung. Die folgenden Tipps beziehen sich auf die konkrete Elternzeitphase:

5. Habe Verständnis für lärmende Teenies, die dein Kind an der Bushaltestelle aus seinem Kinderwagenmittagsschlaf aufwecken und euch im Bus keinen Platz anbieten – du hast es früher schließlich auch nicht gemacht und außerdem stärkt «Huckepack» die väterlichen Rückenmuskeln. Abends für Ausgleichsgymnastik sorgen!

6. Habe Verständnis für den Busfahrer, der vor eurem Kinderwagen rigoros die Türe schließt – der Mann hat wohl kaum etwas gegen euch persönlich, er will nur seine Ruhe und seinen Fahrplan einhalten.

7 a. Habe Verständnis, wenn du in gewissen Kreisen als Rabenpapi giltst, nur weil du dein Kind impfen lässt.

7 b. Habe Verständnis, wenn du in gewissen Kreisen als Rabenpapi giltst, weil du dein Kind *nicht* impfen lässt.

8. Komm dir nicht albern vor – *sei* albern! Mache, so oft es geht, lustige Geräusche. Spiele Schwein oder Elefant und lass dein Kind auf deinem Rücken reiten. Sooft es Lust dazu hat. «Nur wer erwachsen wird und dabei ein Kind bleibt, ist ein Mensch» (Erich Kästner).

9. Spiele konkret männliche Stärken aus, konstruiere z. B. Crashtests für Matchbox-Autos, Kuscheltier-Sprungschanzen oder Lego-Seilbahnen, die quer durchs Wohnzimmer hängen und Aufräumen oder Staubsaugen relativ unmöglich machen. Fami-

lien- und Verhaltensforscher können solch typischem Väter-Verhalten viel Positives abgewinnen. Ihre Studien bestätigen, dass dies Kleinkindern besonders gut beim Selbstständigwerden hilft und deren Kreativität weitaus mehr fördert als das zweihundertste «Schneckenrennen-Spiel».

10. Zieht euch warm an, wenn ihr barfuß und quietschvergnügt über die Gemeindewiese lauft (Betreten verboten!) ... und vor allem auf frei flottierende Hundehaufen achten!

11. Bleibe deiner Linie treu, selbst wenn dein Finanzamt im Rahmen seiner Plausibilitätsprüfung alle paar Monate hartnäckig nachbohrt, «ob Sie wirklich nichts machen». Dahinter steht kaum ein böser Wille, die Beamten würden dich nur einfach am liebsten in Lohn und Brot sehen – aus ihrer Sicht verständlich, denn irgendwer muss eines Tages ja ihre Pension finanzieren.

12. Zeige auch in Frauendomänen Präsenz, nähere dich z.B. dem Staubsauger oder dem Trockner also nicht nur dann, wenn es was daran zu schrauben gibt. Stelle bei jeder Gelegenheit unter Beweis, dass Väter besser sind als ihr Ruf.

13. Habe Verständnis für deine Hätschel-Hormon-Partnerin, wenn sie die lockere Art deiner Kinderbetreuung kritisiert. Sie könnte es selber natürlich viel besser, überlässt es aber trotzdem gerne dir. Demnach kann's so schlecht auch nicht sein (aktivierte Mama-Gene eben!).

14. Habe vor allem auch Verständnis für dich selbst, wenn sich (mal wieder) alles in dir dagegen sträubt, jetzt doch langsam erwachsen werden zu müssen. *Werde* entweder *jetzt* erwachsen oder bleibe für immer jung. Wo steht geschrieben, dass Kinder nicht auch von Dauerjugendlichen großgezogen werden können?

15. *Versuche ein erstklassiger Papa zu sein und keine zweitklassige Mutti – aber setze dich nicht selber unter Druck (das tun andere schon zur Genüge).*

Zum guten Schluss – Rückblicke, Rundblicke, Ausblicke

«Dein Sohn ist mit vier Jahren dein Gebieter,
mit zehn Jahren dein Sklave, mit fünfzehn Jahren
dein Ebenbild und danach entweder
dein Freund oder dein Feind.»
Antikes Sprichwort

Zeit für ein erstes Fazit! Nur ja kein Spätheimkomm- und Wochenendpapa werden, statt dessen lieber einige Jahre beruflich aussteigen! – Für mich letztlich eine super Sache, die mein ganzes Leben vom Kopf auf die Beine stellte; daran änderten auch gelegentliche Erlebnisse der etwas anstrengenderen Art nichts. Was sind schon Geld, Freiheit oder gesellschaftliche Anerkennung gegen die innere Sicherheit, etwas wirklich Sinnvolles zu tun? Ein fröhliches Kinderlachen ist unbezahlbar. Und hin und wieder angeplärrt zu werden, ist auch nicht schwerer zu ertragen als vom cholerischen Chef runtergeputzt zu werden. Der Vorteil ist nur, dass man schon mit Kleinstkindern jede Menge Spaß haben kann, was beim Chef eher nicht der Fall sein wird.

Gelegentlich höre ich von überzeugten (?) Singles sinngemäß, Elternteil zu sein sei Schwerstarbeit, von der einzig die Kinder profitieren würden. – Das ist aus meiner heutigen Sicht viel zu einfach gedacht. Denn beide Seiten, Kinder wie Eltern, lernen und entwickeln sich in stetem Austausch. Die ständige Präsenz eines Kindes gibt einem ziemlich bald das Gefühl, demontiert und runderneuert zu werden. Und genau so ist es auch, wie eine Art ganzheitliche «Therapie» – ohne Psychiater. Die gelegentliche Heftigkeit von emotionalen Reaktionen, die Intensität von Empfindungen, die Momente der Verärgerung und Aufregung, all dies zeigt an, dass man sich verändert – und so etwas wie einen seelischen Entwicklungsprozess durchmacht. Durch den intensiven Kontakt mit meinem Sohn entdeckte ich an mir schöne und weniger schöne Seiten, die mir sonst wohl für immer verborgen geblieben wären. Insbesondere in Situationen, in denen ich den Spiegel meines eigenen Verhaltens vorgehalten bekam, konnte (bzw. musste) ich Bekanntschaft mit ungeahnten Facetten meines Innenlebens machen.

Mit jedem Entwicklungsstadium des Kindes erlebt man als Elternteil nochmals sämtliche Phasen. Ob Vater oder Mutter, Sie tun es automatisch. Indem Sie Ihr Kind päppeln, päppeln Sie unbewusst sich selbst.

Diese Reise durch die eigene Kindheit kann selbstverständlich auch unangenehm werden. In solchen Augenblicken kann man sogar eigene Kindheitsverletzungen heilen – indem man dem Baby das gibt, was es braucht. Und was man früher vielleicht selbst gern bekommen hätte. Doch zwischen Hören und Erleben besteht in etwa derselbe Unterschied wie zwischen Aufklärungsunterricht und echtem Sex. Sie können es nur selber für sich entdecken. Und wenn Sie dabei nur teilweise versuchen, das Leben aus den Augen eines Kindes zu sehen, sehen Sie definitiv mehr als mit Erwachsenenaugen. Es gibt *so viel* zu sehen …

Laut *Forsa-Familienumfrage (2008)* antworteten 60 Prozent der Eltern auf die Frage, warum sie sich Kinder wünschten, es sei schön mit ansehen zu können, wie sich ihr Nachwuchs entwickle. 36 Prozent der befragten Eltern fanden gut, dass sie in den Kindern weiterleben könnten. Für 32 Prozent der Väter und Mütter ist das Gefühl, geliebt und gebraucht zu werden, das Schönste am Elterndasein. Und 28 Prozent sagten, dass sie mit Kindern ganz allgemein mehr Spaß am Leben haben.

Für mich persönlich kam noch ein Fünftes hinzu: *Selbsterkenntnis bzw. Selbsterziehung!* Wie heißt es doch so schön: «Nicht die Eltern erziehen ihre Kinder, sondern die Kinder erziehen ihre Eltern.»

Weniger inspirierend fand ich, dass die moderne deutsche Gesellschaft im internationalen Vergleich relativ *wenig elternfreundlich, speziell wenig väterfreundlich* ist, und das nicht nur wegen des völlig veralteten Betreuungs- und Unterhaltsrechts, das auf der ganzen Welt ihresgleichen sucht. Auch wenn es zuletzt ein paar Reförmchen in die richtige Richtung gab – in seinem Kern stammt das Betreuungsrecht aus dem vor-vorigen Jahrhundert und wird den aktuellen Gegebenheiten in unserem Land nicht ansatzweise gerecht, da es Väter beinahe automatisch in die Versorger- statt in die Erzieher-Rolle drängt. Gerade das sollten sie aber *auch* sein.

«Wir Frauen haben hierzulande längst die Meinungs- und Gefühlshoheit errungen. Was frau fühlt, ist Fakt, was ein Mann fühlt, ist relativ – die Umkehrung dessen, was Simone de Beauvoir 1949 beschrieben hat. Wie wäre es ansonsten zu erklären, dass nach Scheidungen die Mütter in einem nahezu rechtsfreien Raum entscheiden können, was für das Kind gut ist oder nicht? Wenn sie beschließen, dass der Vater trotz Sorgerecht sein Kind nicht sehen soll, dann passiert es auch nicht.»

Astrid von Friesen, bekannte Ex-Feministin
(zitiert nach: FOCUS online 3/2008)

Stichwort «Elternfeindlichkeit»: Sicher lässt sich ein elternfreundliches Klima nicht politisch verordnen oder allein durch zusätzliche finanzielle Anreize erzielen. Was allerdings selbstverständlich werden sollte: *Jungen Müttern und Vätern*, die sich eine Zeitlang für die Familie entscheiden, haben in der Gesellschaft – und speziell im Arbeitsleben – mehr Respekt verdient als ihnen gegenwärtig mancherorts entgegengebracht wird. Volker Baisch vom Expertennetzwerk *www.vaeter.de*: «Nur wenn die Unternehmen mitziehen, kann das, was die Politik einführt, auch Erfolg haben.» Viel versprechende Ansätze gibt es beispielsweise bei Airbus in Hamburg und Arcelor in Bremen. Beide Unternehmen, in denen zu 90 Prozent Männer arbeiten, ermittelten Ende 2008 die Wünsche ihrer Mitarbeiter nach väterfreundlichen Arbeitszeitmodellen. Bleibt abzuwarten, wie die praktische Umsetzung aussehen wird.

Einige Veränderungen wären jedenfalls dringend notwendig, soll in Sachen Kinderwunsch eine Trendwende gesetzt werden. «Ich gehe jede Wette ein», hatte Ursula von der Leyen (CDU) im März 2008 gesagt, «dass die Geburtenrate für 2008 über 1,4 liegt.» Sie lag daneben; Im Februar 2009 teilte das Statistische Bundesamt mit, dass die Geburtenrate 2008 nur 1,37 Prozent (etwa 690 000 Kinder) betrug – immerhin 0,7 Prozent mehr als 2007 (etwa 685 000) *(Quelle: www.tagesschau, 15. 2. 2009).*

Allerdings: Weiterhin haben die Deutschen im Vergleich zu anderen Europäern den geringsten Kinderwunsch (Bundesamt für Bevölkerungsforschung in der Studie *Kinderwünsche in Deutschland. Konsequenzen für eine nachhaltige Familienpolitik 2008*). Anders als bei Frauen aus Polen und Finnland, die im Schnitt mehr als zwei Kinder möchten, pendelt sich der Kinderwunsch der deutschen Frau seit rund zehn Jahren bei einem Mittelwert von 1,4 Kindern ein (Tendenz seit drei Jahren leicht ansteigend). Das Hamburger Institut für Freizeitforschung fand im Januar 2009 zudem heraus, dass wegen der gegenwärtigen Finanz- und Wirtschaftskrise so wenig junge Menschen eine Familie gründen wollen wie noch nie. Somit dürfte die Geburtenrate 2009 mit großer Wahrscheinlichkeit wieder sinken. Und die rührige Familienministerin muss sich etwas Neues einfallen lassen ...

Genug gewinselt! Konzentrieren wir uns wieder auf das Hier und Jetzt. Daher noch mal kurz zusammengefasst die wichtigsten Gründe, weshalb Papas unbedingt und ohne Wenn und Aber Elternzeit nehmen sollten.

Diese Papa-Typen gibt es – und warum sie in Elternzeit gehen sollten

Seit Jahrzehnten gleichen sich die Geschlechter immer mehr an: Frauen schlagen sich beim Eishockey die Zähne aus, lassen beim Komasaufen die Digicam für *YouTube* mitlaufen, schmettern mit Rennboliden über den Asphalt; Männer – zumindest einige – besuchen freiwillig Batikkurse und stricken in der Migräne-Selbsthilfegruppe schwarzgelbe BVB-Ringelsöckchen. Da wäre doch ein bisschen mehr Babypflege und Kinderbetreuung auch gar keine sooo schlechte Sache. Nicht immer nur mit dem BlackBerry im Anschlag auf dem Zahnfleisch von einem kick-off-meeting zum nächsten robben, dem cholerischen Chef seine x-te Powerpoint-Präsentation hinterhertragen und dafür noch dumme Sprüche kassieren. Stattdessen besser zu Hause tagtäglich bzw. nachtnächtlich bis zum individuellen Ressourcenlimit beweisen, dass man deutlich mehr auf dem Kasten hat: so beispielsweise bis zu siebenmal täglich gut gefüllte Windelstinkbomben in die Mülltonne verfrachten. Das könnte unter dem Strich ungleich mehr männliche Muskelkraft und Selbstüberwindung erfordern, als so manches Business-Meeting. Und welcher Büro-Mann ist schon glücklich damit, von seiner hochhackigen Vorzimmerduftblume im 3-Stunden-Takt die Kaffeetasse gereicht zu bekommen, im Outlook jedoch kein Zeitfenster mehr findet, um seinem Stammhalter im gemütlichen Heim das Saftfläschchen warm zu machen?

1. Für Arbeitstiere: Arbeiten bis 67 oder noch länger? Naja, wenn's denn sein *muss* – hat aber Zeit. Unwahrscheinlich, dass Sie beruflich Weltbewegendes verpassen, während Sie niedere Windeldienste leisten oder leer gesaugte Trinkfläschchen penibel säubern. Hinein ins bunte Flummiland, das schlechte Gewissen gegenüber dem Chef können Sie für eine Weile getrost an der Wickelkommode abgeben. Wer dauerhaft mehr als 40 Stunden pro Woche arbeitet, kann unmöglich seinen väterlichen Pflichten nachkommen. Je geringer die Arbeitszeit, desto mehr Zeit bleibt für fantasievolle Holztürmchen und kreative Playmobilparkhäuser (sicherlich nicht die schlechteste Freizeitbeschäftigung). Und was sind schon ein paar zusätzliche Euro gegen das Bewusstsein, etwas wirklich Sinnvolles zu leisten und sich dabei selber noch etwas Gutes zu tun?

«Ich wäre gerne etwas nachgiebiger in diesem Punkt, aber eine Karriere zu verfolgen und ein guter Vater zu sein steht heutzutage in direktem Widerspruch zueinander.»
Steve und Shaaron Biddulph

2. Für Betriebswirtschaftler und (andere) kühle Rechner: Denken Sie nicht zu kurzfristig! Jede Sekunde, die Sie zu Hause verbringen, ist betriebswirtschaftlich gesehen glänzend investiert und wird sich auf Dauer auszahlen. Warum? Nun, Kinder profitieren vom intensiven Papa-Kontakt immens. Zahlreiche Studien belegen, dass sie sich später im Leben leichter zurecht finden. (Man spart damit unter dem Strich mehr Geld als man sonst vielleicht nachträglich für diverse Extra-Würste ausgeben müsste.) Klar, Kinder kosten Geld, doch brauchen Sie Ihre Zeit dringender als Ihr Scheckheft, um sich ausgeglichen zu entwickeln. Sie bringen einem Menschen bei, zu lachen, zu lernen und zu lieben. Etwas noch Wertvolleres werden Sie vermutlich nie wieder in Ihrem Leben tun. Außerdem werden die Zeiten rentenrechtlich angerechnet – was will man mehr?

3. Für Fluchtmänner und Sportfans: Vergessen Sie den gewohnten samstäglichen Kultgang ins Stadion ebenso wie das Märchen vom «Fußball spielenden Vater»! Wer erst dann in die Vaterrolle schlüpft, wenn das Kind die Fußballschuhe binden kann, hat die erste Halbzeit bereits verpasst. Gerade heute ist für den kindlichen Ablösungsprozess von der Mutter entscheidend, dass Sie als Vater – Sofatiger hin, Familienclown her – von Anfang an eine sehr persönliche Beziehung zum Kind aufbauen. «Väter sind spätestens wichtig, wenn das Kind ihnen zum ersten Mal die Ärmchen entgegenstreckt» (*Wolfgang Bergmann, Autor des Bestsellers «Nur Eltern können wirklich helfen»*). Fußballschuhe gibt es schon ab Größe 25. Na los: «Schuss … und Tooooooor!!!!»

4. Für Sentimentalos: Würden Sie es nicht auch großartig finden, tagtäglich vom eigenen Kind selbst- und absichtslos angelächelt zu werden? Und zwar immer mal wieder zwischendurch, nicht nur eben mal kurz an der Haus- oder Garagentür. Dann zögern Sie nicht länger und reichen einen formlosen Elternzeitantrag ein. Die Zeit geht *so schnell* vorbei und kommt nie wieder. Von den plus/minus 80 Jahren Ihres Lebens verbringen Sie ein paar damit, ein Kind auf den richtigen Weg zu bringen. Ich wette:

Wenn Sie alt sind, werden diese «kostbaren Jahre» eine Ihrer schönsten Erinnerungen sein.

5. *Für Zukunftsmacher:* Je mehr Väter Elternzeit nehmen, um so normaler und gesellschaftlich akzeptierter wird das Phänomen «Papa-Mutti» eines Tages sein. Normalität in 20, 30 Jahren? Schon möglich. In diesem Sinne: Vorbild lehrt!

6. *Für Wissensdurstige und Erkenntnistheoretiker:* Kinder haben nicht nur eine heilende Wirkung auf den Charakter, sondern sie sind großartige Lehrer, und das gänzlich ohne erhobenen Mathelehrer-Zeigefinger. Das Vaterdasein fordert Sie dazu auf, ja zwingt Sie, sich auf Weisen fortzuentwickeln, die Sie für unmöglich gehalten hätten. Angenommen, Sie sind jemand, der nicht sonderlich kontaktfreudig ist. Als Vater werden Sie leichter Freundschaften schließen – weil Sie dringend auf sie angewiesen sind. Hinzu kommt, dass Kleinkinder einem eigenes Verhalten vorwurfsfrei (!) widerspiegeln – was manchmal vielleicht nicht immer leicht zu ertragen ist, aber auch mal ganz amüsant sein kann, zumindest dann, wenn man noch über ein paar halbwegs funktionierende Lachmuskeln verfügt. Außerdem reift nebenbei die eigene Persönlichkeit, auch wenn Sie das vielleicht nicht jeden Tag so deutlich spüren werden. Wie heißt es so schön: Abgerechnet wird am Schluss.

Was hält Sie noch? Raus aus dem beheizten Bürotower, weg vom Pixel-Apple-Rillo, rein ins fun & action-Flummiland. Und bitte nicht zwischendrin den breiverschmierten Löffel abgeben, Pardon: an eine Vollzeit-Nanny weiterreichen! Selbst ist der Mann bzw. die Frau.

Aber Achtung: Wie mein Selbstversuch zeigte, reagiert unsere Gesellschaft – von der Leyen hin, Elterngeld her – auf männliche Elternzeit-Diplom-Anwärter reserviert bis irritiert, gerade so, als hätte es eine Frauenbewegung oder etwas in dieser Art hierzulande niemals gegeben. Im 21. Jahrhundert als Papa-Mutti unter Übermüttern, das ist alles andere als drei Jahre Poolfreizeit und Party unter Palmen. Aber doch mal die Riesenchance zu zeigen, dass Vä-

ter viel mehr sein können als familienferne Nestflüchter oder nur wandelnde Geldbörsen auf zwei Beinen. Richtige Papas eben, auf die voll und ganz Verlass ist. Immer.

Wie sie ihm Lust auf Elternzeit macht

1. *Bevor es so weit ist:* Brainstormen Sie gemeinsam mögliche Aufgaben- und Rollenverteilungsmodelle. Bieten Sie ein ernst gemeintes praktikables Modell an, in dem Sie *zusammen* die Verantwortung für den finanziellen und häuslichen Bereich übernehmen. Aber vermeiden Sie ein ausgeklügeltes Stundenplan-System, schließlich sind Sie nicht seine Lehrerin.

2. Schon der dezente Hinweis, dass Sie sich nach der Geburt eines Kindes finanziell werden einschränken müssen, löst beim sensiblen Wickelnewcomer schlechtes Gewissen aus und kann letztlich dazu führen, dass Sie als allein erziehende Mutti enden werden, weil Papi nur noch arbeitet, arbeitet, arbeitet …

3. Kommunizieren Sie einfühlsam, was Sie sich *wünschen* (nicht: erwarten!). Gehen Sie vorsichtig um mit Begriffen wie «Verantwortung», «Versorgen», … – manche Muskelprotze nehmen bei diesen Schlagworten sofort Reißaus, obwohl sie eigentlich ganz passable Väter wären. Diese Begriffe wecken tiefe Urängste in ihnen. Männer können ja sooo feinfühlig sein.

4. *Wenn es dann so weit ist:* Bleiben Sie geduldig, vor allem aber energisch am Ball und bestehen Sie auf einer Unterstützung in Ihrer anstrengenden Laufarbeit. Eine junge Familie ist wie eine Sportteam: Nur wenn sich alle Mannschaftsteile miteinander eingespielt haben und jeder für den anderen mitläuft, kann das Kollektiv sein Ziel erreichen. Als Frau/Mutter sind Sie so eine Art Präsidentin und technische Leiterin in Personalunion und geben die offizielle Richtung vor: Neu-Papas sind zunächst erst mal nur als Außenverteidiger einzusetzen, denn sie brauchen häufig länger, um sich auf ihre Rolle innerhalb des neuen Spiel-

systems einzustellen (Frauen haben nun mal neun Monate Erfahrungsvorsprung und die deutlich größere Routine). Deshalb ganz wichtig: Spielzüge gezielt im Voraus planen, jedoch Raum für spontane Flügelläufe lassen, dann kann sogar ein Außenverteidiger durchaus mal eine Spiel entscheidende Vorlage liefern und in der Hackordnung nach oben wandern – bis hin zum Fulltime-Coach. Zu viel Druck indes verstärkt männliche Unsicherheiten und führt leicht zu heftigen Kurzschlussreaktionen, die dem ganzen Team schaden. Vorsichtiges Abtasten zu Beginn und gemeinsames Downcoolen lautet daher die Devise.

5. *Loben* Sie ihn häufig (auch wenn es vielleicht nicht allzu viel Grund gibt!) – lieber einmal zu viel als zu wenig. Lob und Bauchpinseleien zum rechten Zeitpunkt haben schon so manchen ehemaligen Straßenfußballer zum Nationalspieler werden lassen (Stichwort «Motivationsschub»). Sie wissen ja: Männer (besonders natürlich Väter) sind oft wie bockige kleine Jungen. Streicheleinheiten bewirken bei ihnen meist mehr als die harte Hand.

Und jetzt?

Gerne erkläre ich abschließend nochmals: Aus meiner Sicht gibt es – für Frauen und Männer gleichermaßen – letztlich kaum etwas Erfüllenderes, ja Sinnbringenderes, als einen Menschenwinzling liebevoll zu betüddeln, ihm für einen gewissen Zeitraum wohltemperierte Milchfläschchen anzureichen und ihm jeden Tag beim Wachsen zuzusehen. Gerne nahm ich es dafür in Kauf, tausende von Windeln zu wechseln und x-mal eine triefende Rotznase abwischen zu müssen (und mich dabei selber mit rätselhaften Viren anzustecken). Das Leben mit Baby bzw. Kleinkind kann so enorm bereichernd sein und völlig neue Horizonte erschließen. Das meine ich an dieser Stelle mal *nicht* ironisch.

Und sollte das eine oder andere doch mal nicht ganz so klappen, wie Sie sich das vorgestellt hatten, dann vergegenwärtigen Sie sich immer den Mutmacher-Slogan des Smiley-Erfinders Harvey Ball: «*Shit happens*» … und machen einfach gut gelaunt weiter, als wäre nichts gewesen. Wie sagte doch Tom Hanks als *Forrest Gump*: «Das Leben ist wie eine Pralinenschachtel. Du weißt nie, was du als Nächstes bekommst.»

Anhang

Adressen und Literaturverzeichnis

Ausgewählte Internetadressen

http://www.vaeterzentrum-berlin.de oder www.mannege.de
  (=Väterzentrum Berlin)
http://www.vater-und-kind-kuren.de
http://www.papaliste.de
http://www.papainstitut.de
http://www.baby.de
http://www.rund-ums-baby.de
http://www.vaeter-nrw.de
http://www.baby-welten.de
http://www.familylounge.de
http://www.baby-zeit.de
http://www.starke-eltern.de
http://www.hallo-eltern.de
http://www.eltern-im-netz.de
http://www.treffpunkteltern.de
http://www.ichbinpapa.de/
http://www.vaeter-in-elternzeit.de
http://www.vaeter.de
http://www.vater-kind.com
http://www.auszeit-mit-kind.de
http://www.sozialnetz.de/vater-und-beruf

Bücher zum Weiterlesen

- Biddulph, Steve und Sharon, Das Geheimnis glücklicher Kinder, Beust
  1998
- Biddulph, Steve und Sharon, Weitere Geheimnisse glücklicher Kinder,
  Heyne 2001

- Biddulph, Steve und Sharon, Lieben, lachen und erziehen, Heyne 2002
- Bongardt, Dirk, Senza una donna, Das Survival-Handbuch für allein erziehende Väter, Monsenstein und Vannerdat 2004
- Frey, Stefan, Papas große Zeit, novumverlag 2007
- Gier, Kerstin, Die Mütter-Mafia, Bastei-Lübbe 2007
- Habeck, Robert, Verwirrte Väter, Gütersloher Verlagshaus 2007
- Harrison, Harry H., Vater & Sohn, Was Ihr Sohn nur von Ihnen lernen kann, Lardon Media 2004
- Hofer, Klaus, Kinder brauchen Väter, Topos-Taschenbücher 2002
- Kister, Cornelie, Mütter, Euer Feind ist weiblich! Wie Frauen sich gegenseitig das Leben zur Hölle machen, Eichborn 2007
- Kühn, Lotte, Supermuttis. Eine Abrechnung mit den superengagierten Müttern, Knaur 2007.
- Marone, Nicky, Gute Väter, selbstbewusste Töchter, Fischer-Taschenbücher 2000
- Ruhl, Ralf, Kinder machen Männer stark – Vater werden, Vater sein, Rowohlt Tb. 2000
- Schäfer, Eberhard/Richter, Robert, Das Papa-Handbuch, Alles, was Sie wissen müssen zu Schwangerschaft, Geburt und die erste Zeit zu dritt, Gräfe und Unzer Verlag 2005
- Scheerer, Jana, Mein Vater, sein Schwein und ich, Piper-Verlag 2008
- Schlenz, Kester, Bleib locker, Papa, Mosaik-Verlag 1998
- Schulz, Hermann/Radebold, Hartmut, Söhne ohne Väter, Berlin 2004
- Selby, John, Väter und ihre Rolle in unserem Leben, dtv-Taschenbuch Verlag 2003

Abbildungen

Abb. S. 109: www.berlinergedanken.vox.com
Abb. S. 157: Aelita Kinderakademie, www.aibev.de/Portals/0/Smiley.jgp
Alle übrigen Abbildungen: Archiv des Verfassers